W0397989

Konflikte verstehen und lösen

Wolfgang Rosenkranz
Dr. Markus Merk

Konflikte verstehen und lösen

Schwierige Situationen professionell meistern

EDITION CONNEX
Wirtschaftsliteratur

Inhalt

Vorwort Wolfgang Rosenkranz

Bei den Überlegungen zu diesem Buch und insbesondere bei der Suche nach einem geeigneten Bildkonzeptes kam mit die Idee, Sport als Metapher zu verwenden.

Schnell fiel die Wahl auf Fußball: Dieser Mannschaftssport begeistert weltweit Millionen Menschen. Innerhalb von 90 Minuten tritt hier eine Vielzahl von unterschiedlichen Konflikten auf. Diese beobachten fallweise tausende von »Experten« im Stadion. Zudem wird der Konfliktverlauf auch durch Kameras dokumentiert und anschließend von Millionen weiteren »Experten« kommentiert und bewertet.

Wer übernimmt in diesen Extremsituationen freiwillig die Rolle des Konfliktmanagers und gleichzeitig Richters?

Der Schiedsrichter!

Nun war die Auswahl klar: Nur der weltbeste Unparteiische des Jahres 2004 – Herr Dr. Markus Merk – konnte der geeignete Koautor sein. Ich bin froh und dankbar, dass es geklappt hat.

Wolfgang Rosenkranz

TEAM CONNEX AG, Schönbuchstraße 48, 71155 Altdorf
Telefon: 070 31 27 03-11, Telefax: 070 31 27 03-88
www.teamconnex.com

Vorwort Dr. Markus Merk

Es war für mich eine große Motivation und Freude an diesem Buch mitzuarbeiten. Mein oberstes Ziel ist immer die Konfliktprävention, dies lässt sich jedoch in dem energiegeladenen Umfeld eines Stadions nicht immer realisieren. So ist die intensive Auseinandersetzung mit dem Thema Konfliktmanagement eine meiner Basisaufgaben.

Als Schiedsrichter habe ich es bei jedem Spiel mit Konflikten und deren Lösung zu tun. Meine Entscheidungen – aus unterschiedlichen Blickwinkeln betrachtet – können durchaus heftige und weitreichende Konflikte auslösen. Entscheidungen auf dem Spielfeld tangieren stets Subjektivitäten und wecken Emotionen, deshalb spielen Präsentation und Kommunikation eine ebenso bedeutende Rolle wie der Wert der Entscheidung.

Heute geht es im nationalen und internationalen Fußball nicht nur um persönliche und sportliche Interessen, sondern auch um massive wirtschaftliche Vorteile. Hier die geeigneten Entscheidungen zu treffen und die richtigen Konfliktlösungen zu finden, ist meine Aufgabe als Schiedsrichter. Nur so ist gewährleistet, dass für alle Beteiligten Fußball auch weiterhin ein spannender und fairer Sport bleibt.

Hierfür trage ich als Spielleiter mit meiner Art des Kommunikationsmanagements eine große Verantwortung.

Ihr
Dr. Markus Merk

Kapitel 1

Konflikte und sich selbst verstehen

- Konflikte entstehen, wenn zwei unvereinbar (scheinende) Positionen aufeinander treffen. Versuchen Sie, in solchen Situationen auch die Chancen für ein besseres Miteinander zu sehen!
- Denn jeder Konflikt zeigt an, dass Differenzen bestehen. Treten Sie daher in den Meinungsaustausch mit Ihrem Konfliktpartner: Was können Sie verändern, um besser miteinander auszukommen?
- Eine positive Konfliktkultur kann sogar Beziehungen stärken und hilft, bessere Lösungen zu finden.

Jeder kennt die unterschiedlichsten Situationen … Konflikte begegnen uns überall, wo wir miteinander in Kontakt sind. Egal, ob wir miteinander leben, gemeinsam ein Hobby betreiben oder zusammen arbeiten: immer dann, wenn es uns vermeintlich am wenigsten passt, rauben sie uns unsere Energie und Aufmerksamkeit.

Es gibt wohl kaum einen gesellschaftlichen Bereich, der konfliktfrei funktioniert.

Der Konflikt ist eine typische Konstante menschlicher Interaktion. Da wir in der Lage sind, Auseinandersetzungen zu initiieren, können wir auch lernen, sie zu lösen bzw. im Vorfeld zu verhindern. Dabei ist es das Ziel, Konflikte nicht prinzipiell zu vermeiden, sondern angemessen mit ihnen umzugehen.

Konfliktkompetenz bedeutet, Probleme und Reibereien im zwischenmenschlichen Bereich zu reduzieren und bestehende Konflikte zur Zufriedenheit aller Beteiligten zu lösen.

Eine wesentliche Voraussetzung für den besseren Umgang mit Konflikten ist, nicht nur das Problem bzw. die Bedrohung wahrzunehmen, sondern Konflikte auch als Chance und Herausforderung für die persönliche und sachliche Weiterentwicklung zu nutzen.

Konflikte bergen Chancen

Konflikte veranlassen uns, wieder intensiver miteinander ins Gespräch zu kommen, einander zuzuhören und gemeinsam nach Lösungen zu suchen. Sie eröffnen uns so die Möglichkeit, aktiv und gemeinsam die Zukunft zu gestalten.

Es gilt Brücken zu bilden, die für alle Beteiligten tragfähig und stabil sind. Die Zufriedenheit aller Beteiligten mit der gemeinsam erarbeiteten Lösung ist die beste Voraussetzung, um dauerhafte Konfliktlösungen und ein besseres Miteinander zu gestalten.

Leider gelingt dies viel zu selten, wie die vielen Gerichtsverfahren, Scheidungen oder auch militärisch ausgetragenen Konflikten belegen.

Ungelöste Konflikte tragen wesentlich zu der hohen Anzahl an Scheidungen bei (weit über 30% der geschlossenen Ehen werden wieder geschieden) und sind oft Ursache für die vielen unglücklichen Beziehungen.

In der deutschen Wirtschaft entstehen jährlich Kosten von ca. 50 Milliarden Euro, die aus nicht gelösten oder schlecht bearbeiteten Konflikten resultieren.

Diese Situation sollte uns motivieren, unsere Konfliktkompetenz zu erhöhen. Zuerst gilt es, das positive und kreative Potenzial jedes bestehenden Konfliktes zu erkennen. Durch aktive Prävention und wertegestützte Konfliktlösungen wird es möglich, einen Prozess anzustoßen, der zu einer konstruktiven Konfliktkultur führt.

Um ein Ziel zu erreichen, ist es nicht wichtig, wie der Wind bläst, sondern wie wir die Segel setzen! Damit wir die Segel richtig setzen können, benötigen wir ein klares Ziel und eine deutliche Beschreibung der Ist-Position.

Was bedeutet »Konflikt«?

Sinnvoll ist es, mit der Analyse des Begriffes »Konflikt« zu beginnen. Das Wort stammt ab von dem lateinischen Wort »conflictus« (= Zusammenstoß, Kampf). Das Verb »confligere« (= zusammenschlagen) setzt sich zusammen aus »con« (= zusammen) und fligere (= schlagen).

> In Psychologie und Sozialwissenschaft spricht man von einem Konflikt, wenn zwei Positionen gleichzeitig gegensätzlich oder unvereinbar erscheinen.

Bei Konflikten haben wir es immer mit Differenzen zu tun. Es ist eine natürliche Gegebenheit, Differenzen zu haben.

Konflikte werden dadurch offensichtlich, dass man deutlich Stellung bezieht. Dies ist dann besonders schwierig und führt oft zu zusätzlichen Konfrontationen, wenn die Beteiligten über unterschiedliche Informationsstände verfügen. Konflikte sind dann häufig mit einer Gefährdung oder Verletzung individueller Bedürfnisse oder Interessen verbunden.

Einem Konflikt (in Familien, Sportvereinen, Unternehmen etc.) liegen immer Differenzen zugrunde. Differenzen zeigen an, dass unterschiedliche Verhaltensweisen, Meinungen, Einstellungen oder Werte vorliegen. Bei Konflikten spielen Emotionen eine ausschlaggebende Rolle. Teilweise sind wir in der Sache nur zentimeterweit voneinander entfernt, aber die gefühlsmäßigen Wahrnehmungen schaffen den Eindruck von kilometerweiten Gräben.

Wir haben mit vielen Menschen Differenzen, leben aber trotzdem nicht mit allen im Konflikt.

1.1 Die Funktion von Konflikten

Wenn wir Konflikte als Indikatoren für Störungen in unseren sozialen Prozessen verstehen, dann weisen sie uns gleichzeitig darauf hin, dass verbesserungsfähige Bedingungen vorliegen. Diese sollten wir in den Mittelpunkt unserer Betrachtungen stellen und sie gegebenenfalls verändern. In einer kompetenten Auseinandersetzung werden die Standpunkte der Einzelnen und die darin impliziten Differenzen deutlich. Wenn wir den Standpunkt unseres Konfliktpartners anerkennen, schaffen wir den Rahmen für die Möglichkeit von gemeinsamen Problemlösungen.

Der Konflikt als Dynamo für unsere persönliche Weiterentwicklung

Konflikte regen zum Meinungsaustausch an. Sie schaffen die Gelegenheit, bei uns und bei anderen »Wahrheiten« und Zielsetzungen zu hinterfragen, und wir erhalten die Chance, uns veränderten Bedingungen anzupassen. Dadurch verhindern Konflikte Stagnation.

Konflikte verhelfen ebenso zur Klärung von Beziehungen. Zwischen Menschen existieren Missverständnisse, Vorurteile und Unterstellungen. Spricht man diese nicht offen an, kann deren Berechtigung nicht überprüft werden.

Werden Störungen nicht rechtzeitig geklärt, haben sie die unangenehme Eigenschaft, permanent und schnell zu wachsen. Konflikte verdrängen oder zerstören Respekt, Achtung, Sympathie und sogar Liebe.

Dauerhafte Konfliktverdrängung führt dazu, dass bestehende Gemeinsamkeiten langsam, aber kontinuierlich aufgezehrt werden.

Konflikte eröffnen Lösungen

Uns wird so deutlich, dass Konflikte Lösungspotenzial beinhalten und ein wertfreies Zusammentragen scheinbar widersprüchlicher Meinungen ermöglichen. Aus dieser Perspektive können wir einen Konflikt nur positiv bewerten. Bei richtiger Handhabung wird das gesamte Spektrum möglicher Ansatzpunkte für eine gemeinsame Lösung erkennbar.

1.2 Konflikte als Chancengeber

Gut gemanagt, eröffnen uns Konflikte einen ganzheitlichen Blick auf ein vorhandenes Problem oder eine Störung. Gutes Konfliktmanagement schafft bei den beteiligten Personen eine kooperative Einstellung und erhöht die Kreativität, Problemlösungen zu finden.

> **Durch gezielten Widerspruch gelingt es uns, bessere (nicht schnellere und leichtere) Lösungen zu finden.**

Konflikte können uns helfen,

- notwendige Entscheidungen auf besserer Grundlage zu treffen
- vorhandene Informationen gezielt zu vertiefen
- bestehende Probleme bewusst zu erkennen
- Organisationen und Abläufe zu verbessern
- andere Menschen besser kennen zu lernen
- Partnerschaften stärker zusammenzuschweißen
- unsere Kreativität zu steigern
- unseren Willen zur Veränderung zu stärken
- unsere Beziehungen zu klären
- unsere Persönlichkeit weiter zu entwickeln

  und letztlich sogar:
- mehr Freude zu erleben.

Das setzt jedoch voraus, dass wir in der Lage sind, eine positive Konfliktkultur zu entwickeln.

Dr. Merk: Wie sehe ich als Schiedsrichter Konflikte?

Menschen, die Konflikte verstehen, vermeiden und lösen können, haben mich schon immer beeindruckt. Dies war auch der Grund, weshalb ich Schiedsrichter wurde, und ist das, was mich an dieser Berufung noch heute fasziniert. Als Führungskraft trägt jeder eine besondere und große Verantwortung, der Spielleiter trägt im emotionalen Umfeld des Fußballs eine ganz besondere Verantwortung. Er muss auch in konfliktreichen Situationen in Sekundenbruchteilen entscheiden und dem Druck der Massen standhalten. Heute geht es im Top-Fußball nicht mehr nur um Sieg oder Niederlage, sondern um massive wirtschaftliche Faktoren. Dadurch bin ich als Manager auf dem Spielfeld immer wieder aufs Neue gefordert, muss mein Konfliktmanagement stets überprüfen und perfektionieren. Dies gilt gleichermaßen für meine Außenwirkung und menschliche Subjektivitäten, dadurch verhindere ich, dass sich Konflikte auf mich projizieren.

Für den Beobachter sieht es so aus, als würde ein Schiedsrichter quasi diktatorisch agieren und Macht ausüben. Die schnelle und komplexe Entscheidungswelt suggeriert uns dieses Bild. Schließlich agiere ich auch noch unter dem Deckmantel der Tatsachenentscheidung. Doch genau das Gegenteil ist der Fall: Ich treffe Entscheidungen, nicht um Macht auszuüben, sondern um dem Spiel einen möglichst positiven weiteren Verlauf zu ermöglichen. Immer mit dem Ziel, gegebenenfalls getrennte Parteien wieder zu vereinen und allen Beteiligten – den Spielern und den Zuschauern – weiterhin Spaß und Freude am Spiel zu vermitteln. Emotionen gehören für mich dazu, sind für jedes Unternehmen förderlich, eine positive Streitkultur bewegt, verhindert Stillstand. Meinen Führungsstil baue ich auf dem Fundament Vertrauen auf, nicht auf dem Faktor Macht.

Durch gelebte Allparteilichkeit habe ich die Chance, Konflikte an der Basis – schon vor einem offenen Ausbruch – zu lösen. Mein Verhalten auf dem Spielfeld verstehe ich als aktive Konfliktprävention. Berechenbarkeit und Konsequenz sind meine Ratgeber. Sie helfen mir dabei, möglichst viele kleine und große Win-Win-Situationen herzustellen und somit einen weiteren positiven Spielverlauf zu ermöglichen. Die vielen Entscheidungen, die ich treffen muss (beinahe im Sekundentakt) haben immer das Ziel, größere Konflikte und Auseinandersetzungen zu vermeiden. Darin sehe ich meine primäre Aufgabe, dies ist mein Ziel. Bei einem Schiedsrichter wird eins ganz deutlich, was viele andere in der Verantwortung Stehende ebenso betrifft: schnell gerät der Unparteiische in den Fokus der Konflikte. Um dies zu verhindern, versuche ich Konflikte stets zu verstehen und meine Handlungsweise weiterzuentwickeln. Darin liegt eine Herausforderung, die ich erkennen muss und die ich sehr ernst nehme.

Kapitel 2

Konfliktdiagnose

- Um einen Konflikt lösen zu können, müssen Sie zunächst klären, warum er überhaupt auftritt. Welche Konfliktart liegt z. B. vor: intrapersonell oder interpersonell?
- Finden Sie heraus, um welchen Konflikttyp es sich handelt, damit Sie die geeigneten Lösungsmethoden wählen können.
- Prüfen Sie auch, ob verdeckte Konfliktbereiche existieren. Denn solange Sie diese nicht entdeckt haben, können Sie die Auseinandersetzung nicht zufrieden stellend lösen.

2.1 Konfliktarten

Die in einer Konfliktsituation entstehenden Spannungen können das Ergebnis von Vorgängen innerhalb einer Person (intrapersonell), zwischen verschiedenen Personen (interpersonell) oder zwischen Gruppen bzw. Organisationen sein.

Bei jedem erfolgreichen Vorgehen steht am Start die Analyse der Ist-Situation. So auch beim Konfliktmanagement.

Um die geeigneten Werkzeuge und Methoden zur Konfliktvermeidung und -lösung herauszufinden, ist es erforderlich, sich die unterschiedlichen Konfliktarten und deren Erscheinungsformen bewusst zu machen.

- Konflikte innerhalb von Personen (intrapersonell) werden durch Differenzen in einem selbst ausgelöst.

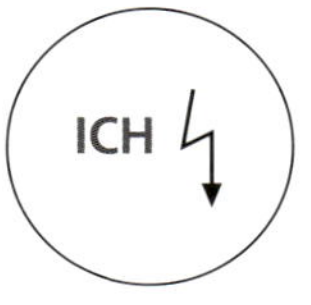

- Konflikte zwischen Personen (interpersonell) werden durch Differenzen im Zusammenwirken mit anderen ausgelöst (hier können auch mehrere Parteien involviert sein).

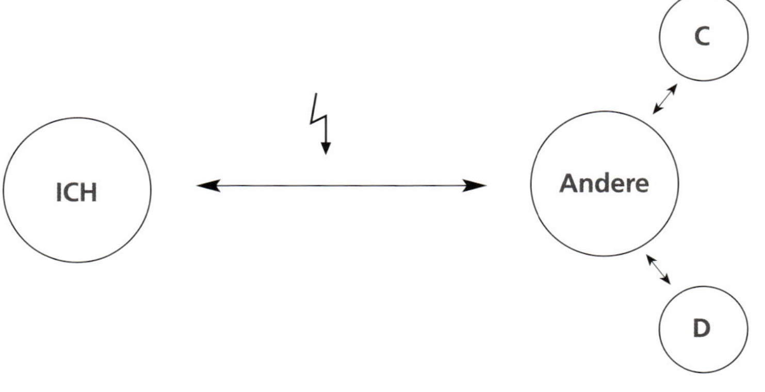

- Konflikte zwischen oder innerhalb von Organisationen und Gruppen werden durch Differenzen zwischen oder innerhalb von zwei oder mehreren Gruppen ausgelöst.

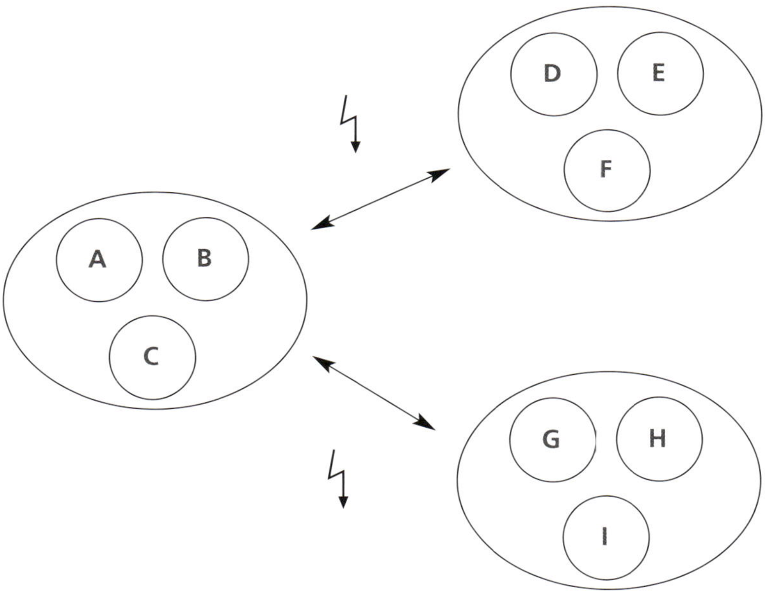

2.1.1 Intrapersonelle Konflikte (innere Konflikte) Oder: »Was wir mit uns selbst austragen«

Bei dieser Art von Konflikt treten die Spannungen in uns selbst auf. Die Differenz liegt in verschiedenen Bestrebungen innerhalb unserer eigenen Person. Hierbei geht es meist um Entscheidungen, die wir fällen müssen, es kann sich jedoch auch um typische Wertekonflikte handeln. »Kann ich ein bestimmtes Verhalten mit meinen persönlichen Wertvorstellungen in Einklang bringen? Wie gelingt es mir, auch nach einer wichtigen Entscheidung mit einem guten Gefühl in den berühmten ›Spiegel‹ schauen zu können?«

Lösen wir diese Konflikte nicht, führen sie häufig zu einer manifesten Konfliktpathologie. Es können dann sogar behandlungsbedürftige psychische Veränderungen auftreten. Immer wieder haben hier auch psychosomatische Erkrankungen ihre Wurzeln, die nur noch durch professionelle Hilfe lösbar sind.

Aufgrund dieser Tatsache ist es wichtig, die eigenen Werte und Normen sowie deren steuernden Einfluss auf das eigene Konfliktverhalten kennen zu lernen.

Die folgende Liste (beispielhafte Auflistung) kann Ihnen dabei helfen:

Allein arbeiten, Anderen Menschen helfen, Anerkennung, Arbeit mit anderen, Arbeitsfrieden, Ausdauer, Beharrlichkeit, Bescheidenheit, Bildung, Demokratie, Dienst an der Öffentlichkeit, Disziplin, Durchsetzung, Effektivität, Ehrlichkeit, Einfluss auf andere, Engagement, Enge Beziehungen, Entwicklung, Erfahrung, Ethisches Verhalten, Fairness, Familie, Flottes Leben, Freiheit, Freundschaft, Führung, Gehorsam, Gemeinschaft, Geradlinigkeit, Großzügigkeit, Heiterkeit, Helfen, Herausforderungen, Identifikation, Individualität, Innere Harmonie, Integrität, Intellektueller Status, Kompetenz, Kontrolle über andere, Kooperation, Kreativität, Leistung, Liebe, Loyalität, Macht und Autorität, Mut, Nachsicht, Nähe/Distanz, Offenheit, Ordnung, Persönliche Weisheit, Potenzial ausschöpfen; Qualität der Dinge, an denen ich teilhabe; Reichtum, Religion, Respekt, Rücksicht, Ruhm, Selbstkritik, Selbstrespekt, Selbstständigkeit, Selbstverwirklichung, Sicherheit, Sinn im Leben, Sparsamkeit, Spaß haben, Spiritualität, Spitzenleistung, Spontanität, Stabilität, Status, Teamgeist, Toleranz, Tradition, Treue, Umweltbewusstsein, Unabhängigkeit, Verantwortung, Verdienstvolle Leistung, Verschwiegenheit, Vertrauen, Vielfalt und Abwechslung, Visionen, Wachstum, Wahrheit, Wirtschaftliche Sicherheit, Zusammenhalt, Zuverlässigkeit

Beispiele für Wertvorstellungen, die einen intrapersonellen Konflikt hervorrufen können

Übung: Eigendiagnose – lernen Sie Ihre Werte kennen

Schritt 1:
Welche sind meine zentralen Werte (geordnet nach Priorität 1 bis 3) ?

1. ______________________________

2. ______________________________

3. ______________________________

Schritt 2:
Was bedeuten sie genau für mich?

1. ______________________________

2. ______________________________

3. ______________________________

Schritt 3:
Was erwarte ich bezüglich dieser Werte von mir selbst (auch in schlechten Zeiten)?

____

____

____

Schritt 4:
Was ändert sich in meinem Leben, wenn ich diese Werte wirklich lebe?

Negative Veränderungen	Positive Veränderungen

Schritt 5:
Decken sich meine Lebensziele mit meinen Werten?

Schritt 6:
Stellen Sie sich Ihre Organisation vor: Wie würde diese aussehen, wenn ihre Mitglieder nach diesen Werten leben und arbeiten würden?

Neben bestimmten Wertvorstellungen können auch andere Ursachen intrapersonelle Konflikte auslösen. Im Wesentlichen geht es darum, dass wir in Entscheidungssituationen Angst vor den möglichen Folgen haben. So entscheiden wir häufig nicht, zu spät oder auch falsch.

Sie können den Schokoladenpudding nicht essen und ihn gleichzeitig behalten.

Wer kennt das Problem nicht: Es steht eine größere Anschaffung an, Ihr Herz sagt Ja, Ihr Verstand sagt Nein. Die für diese Anschaffung erforderliche Investition könnten Sie auch anderweitig für ebenfalls wichtige oder notwendige Dinge verwenden. Oder es bietet sich eine attraktive Alternative an. Ihnen ist aber klar, Sie müssen sich für eine Möglichkeit entscheiden.

Sie stehen also zwischen zwei Zielen, die Sie jeweils für gleichermaßen wichtig und/oder attraktiv halten. Fest steht jedoch, dass nicht beide Ziele gleichermaßen oder gleichzeitig erreicht werden können.

Mögliche Folgen intrapersoneller Konflikte

Mannigfaltig ereilen uns diese kleineren intrapersonellen Konflikte in unserem Berufsalltag. Wir stehen z. B. unter Zeitdruck und müssen uns für eine von verschiedenen wichtigen und dringenden Aufgaben entscheiden.

Der permanente Druck – treffe ich die richtige Entscheidung? – wird von vielen Menschen als sehr belastend und anstrengend erlebt. Er löst bei einigen Angst und Daueranspannung aus, welche im weiteren zu den typischen psychosomatischen Erscheinungen wie Nervosität, Schlaflosigkeit, Hektik und Gereiztheit führen können. Das in der jüngeren Vergangenheit so häufig beschriebene Burnout-Syndrom kann eine Folge davon sein.

Das Burnout-Syndrom: Zunächst unermüdliche Anstrengung und Leistung, dann tritt die Phase von Müdigkeit und Lustlosigkeit ein, in der dritten Phase kommt es zu Krankheit oder Kündigung.

Dr. Merk: Wie erlebe ich als Schiedsrichter intrapersonelle Konflikte?

Jedes Spiel bedeutet für mich eine kontinuierliche Aneinanderreihung von Entscheidungen. Entscheiden bedeutet für mich auch: Ich unterbreche das Spiel nicht durch einen Pfiff, ich lasse weiterlaufen. Diese Überlegung bleibt dem Zuschauer allerdings meist verborgen. Mit meiner Entscheidungsfreiheit versuche ich dem Spiel und den Spielern einen möglichst großen Frei- und Spielraum zu geben, möglichst wenig zu intervenieren: So definiere ich meine Rolle als Führungsspieler.

In meinem Team arbeite ich viel mit den Mitteln der nonverbalen Kommunikationstechniken. Wir streben immer, auch wenn unsere Entscheidungen im Bruchteil von Sekunden zu fällen sind, eine Abstimmung an. Oft ist diese Rückversicherung aber nicht möglich, auch trage ich die Hauptverantwortung als Entscheider. Daher fordert die Aufgabe als Schiedsrichter ein großes Standing und ein stabiles Selbstmanagement. Auch bei der Entstehung von größeren Konflikten heißt es für mich konsequent zu bleiben. Jede Entscheidung berührt mein Umfeld und löst Reaktionen aus, darauf muss ich eingestellt sein, schnell reagieren können und meinem Konfliktpartner immer einen Schritt voraus sein. Jede Entscheidung muss ich unmittelbar treffen und gleichzeitig auch abschließen. Innere Un-

sicherheiten und Zweifel darf ich nicht nach außen kommunizieren, dies würde die Spannungsfelder massiv verstärken. Wenn ich meine intrapersonellen Konflikte nicht schnell löse, entstehen daraus sehr leicht interpersonelle Konflikte. Jede Unsicherheit bietet den Spielern und darüber hinaus den Zuschauern eine Angriffsfläche. Von einem Zweifel oder der Frage »War das jetzt wirklich richtig?«, muss ich mich schnellstens freimachen.

Ich agiere in einer schnellen und komplexen Entscheidungswelt. So gibt es natürlich Unterschiede zu Entscheidungen im privaten oder beruflichen Umfeld. Dort kann man sich meist länger beraten und hat in den meisten Fällen auch sehr viel mehr Zeit um Fakten und Wahrnehmungen als Entscheidungsgrundlage zu sammeln. Ich glaube jedoch an die Kraft der Intuition. Der erste Gedanke ist der beste! Das Spontane, das, was ich unmittelbar wahrgenommen habe, ist mir wichtig und entscheidenswert. Weitere Wahrnehmungsversuche und ein daraus resultierender Entscheidungsaufschub verwässern dagegen eine gute Entscheidung, lassen sie als unsicher erscheinen und erzeugen bei mir meist intrapersonelle Konflikte.

Ich greife auch in anderen Lebensbereichen, natürlich unter Risikoabwägung, gerne auf meinen ersten Gedanken zurück und finde, eine solche Vorgehensweise hat in vielen Situationen erhebliche Vorteile. Sie bewahrt uns häufig davor, weit reichende intrapersonelle Konflikte zu erleben.

2.1.2 Interpersonelle Konflikte
Oder: »Was wir mit einer anderen Person austragen«

In diese Art von Konflikt sind im Minimum zwei Personen verwickelt. Die Ursachen können vielfältig sein (siehe Seite 37 Konflikttypen). Menschlicher Kontakt läuft immer gleichzeitig auf zwei Ebenen ab: auf der Sach- und auf der Beziehungsebene, die sich bei einer Interaktion ständig wechselseitig beeinflussen. Daher finden auch auf beiden Ebenen die Konflikte statt.

Die Sachebene

Das ist die Ebene der verstandesmäßigen Leistung. Hier bearbeiten wir sachlich-inhaltliche Aufgaben und Probleme. Auf dieser Ebene können wir uns selbst bei abweichenden Meinungen, Zielen und Vorgehensweisen noch gut verständigen.

Die Beziehungsebene

Das ist die Ebene der Gefühle und Empfindungen. Hier wird über Stimmungen und Beziehungen entschieden. Auf dieser Ebene wirken und zeigen sich Vorbehalte, Vorurteile, Animositäten usw.

> **Konflikte treten stets als Mischung von Sach- und Beziehungsebene auf.**

Wechselwirkung zwischen beiden Ebenen

Das Fatale: Ungelöste Sachkonflikte provozieren fast immer einen Beziehungskonflikt – und umgekehrt. Die Ursache dafür ist die Wechselwirkung zwischen Sache und Person. Die beteiligten Konfliktpartner setzen sich nicht nur mit der jeweiligen Sache auseinander, sondern sie treten auch untereinander in Beziehung. Die einzelnen Handlungen und Verhaltensweisen enthalten immer Wertungen, die sowohl die Einstellung der handelnden Personen zur Sache als auch die zur Person des Gesprächspartners betreffen.

Störungen auf der Beziehungsebene werden häufig zuerst auf der Sachebene sichtbar und wirksam. Hier können sie allerdings nicht geklärt werden. Der jeweilige Konflikt kann nur auf der Ebene gelöst werden, auf der er wirklich liegt.

Im Businesskontext bewegt man sich oft vermeintlich auf der Sachebene. Bemerkungen wie »Bitte bleiben Sie doch sachlich!« sind jedoch pseudoproduktiv und führen dazu, dass die Signale über die Störung auf der Beziehungsebene sachcodiert und verschlüsselt werden. Damit wird eine Konfliktlösung zusätzlich erschwert.

Hier liegt die Störung vor:	Sachebene	ϟ	☺	ϟ	☺
	Beziehungs-ebene	☺	ϟ	ϟ	☺
Chance für schnelle Lösungen:		☺	ϟ	ϟϟ	☺

Chancen für ein gutes Miteinander

Dr. Merk: Wie erlebe ich als Schiedsrichter interpersonelle Konflikte?

Interpersonelle Konflikte entstehen aufgrund der exponierten Entscheidungs- und Verhandlungswelt auf dem Fußballfeld zwangsläufig. Sie können unmittelbar nach einer Einzelentscheidung auftreten, was meistens zu sichtbaren und heftigen Auseinandersetzungen führt. Oft resultieren sie aber auch aus dem Spielverlauf, weil verschiedene Protagonisten mit dem Spielverlauf unzufrieden sind.

In manchen Spielen habe ich zusätzlich zu den ständig auftretenden Konflikten zwischen den Spielern einen Grundkonflikt mit einem einzelnen Spieler. Er äußert permanent sein Missfallen, verbal und nonverbal und unterminiert damit meine Autorität als Schiedsrichter für das gesamte Umfeld sichtbar. Es ist für mich besonders wichtig, von Anfang an mit diesem Spieler richtig umzugehen und Zeichen zu setzen, damit dieser Konflikt sich nicht weiter aufbaut oder gar eskaliert. Ein schnelles Eingreifen, verbunden mit einer konsequenten, für alle sichtbaren und klaren Handschrift, führt meistens zu einer Lösung des Konfliktprozesses.

Für mich ist als Konfliktmanager eine wesentliche Voraussetzung, dem Spieler durchaus Verständnis zu signalisieren. Mit einer konsequenten Strategie versuche ich Nutzen zu stiften. Habe ich eine Ent-

scheidung gefällt, die in der Grauzone – also verständlicherweise für den Spieler nicht ganz eindeutig – war, gestehe ich das durchaus zu. Dieses Verständnis kommuniziere ich aber mit einer eindeutigen, zweifelsfreien Bekräftigung und vermittele mit einer klaren Ansprache: ich bin überzeugt von meiner Entscheidung, sie hat Bestand! Hilfsmittel für das Lösen von Konflikten gibt mir das Regelwerk vor: gelbe und rote Karten. Solche Maßnahmen müssen bei interpersonellen Konflikten akzentuiert eingesetzt werden. Erfahrungsgemäß schaffe ich sehr oft neues Konfliktpotenzial, da ich den eigentlichen Prozess im Kern nicht löse, sondern – wenn überhaupt – nur begrenzt stoppe oder eine Konfliktverzögerung bewirke.

Oft bin ich als Entscheider in Konflikte involviert, in die mehrere Personen einbezogen sind. Sie entstehen dann, wenn ein Spieler sich vom einem anderen unfair behandelt fühlt. Durch entsprechende Reaktionen der Betroffenen sind schnell viele Spieler in den Konflikt involviert und es kommt zur so genannten Rudelbildung. Gelingt es mir in diesen Fällen nicht, die Konfliktverursacher schnell zu identifizieren und zu separieren, kann ich den Konflikt oft nicht mehr begrenzen. Eine Konfliktspirale entsteht, an deren Ende meist drakonische Strafen stehen, die meinen Zielen und persönlichen Werten nicht entsprechen.

Mögliche Konfliktursachen

Auf der Sachebene:
- unklare bzw. sich überschneidende Aufgabengebiete
- fehlende Zielklarheit
- fehlende Zielsetzung
- fehlende Regeln zur Prioritätenbildung
- ungenaue bzw. unpraktische Kompetenzverteilung (geplante Struktur)
- ungünstige Organisationsabläufe (geplanter Ablauf)
- fehlende bzw. ungünstige Arbeitsmittel oder Ausstattung
- ungerechte Ressourcenverteilung
- ungleiche Arbeitsbelastung

Auf der Beziehungsebene:
- unerfüllte Erwartungen
- nicht partnerorientierte Kommunikation
- fehlende Akzeptanz und Anerkennung
- fehlende Zielakzeptanz und -identifikation, keine »Visionen«
- unterschiedliche Wertvorstellungen
- Vorurteile, starke selektive Wahrnehmung
- unbefriedigte Bedürfnisse bei der Arbeit (Arbeitsunzufriedenheit)
- fehlende Übernahme von Verantwortung
- ungünstiges Entscheidungsverhalten
- mangelnde Wertschätzung

Konflikte können nur dort gelöst werden, wo sie wirklich liegen.

2.1.3 Konflikte in Organisationen oder Gruppen Oder: Was wir mit vielen austragen

In allen Organisationsformen ist eine Vielzahl von unterschiedlichen Konflikten zu beobachten. Hierbei spielt es keine Rolle, ob es sich um einen Sportverein, eine politische Organisation, eine gemeinnützige Institution oder ein Unternehmen handelt. In allen Organisationsformen prallen unterschiedliche Interessen, Vorstellungen und Meinungen aufeinander. Dieses Konfliktpotenzial kann durch Hierarchien noch weiter verstärkt werden. Insbesondere, da hier unterschiedliche Subsysteme und strukturelle Einheiten aufeinander treffen und Schnittstellen bilden. Steigendes Konfliktrisiko, bedingt durch die Organisationsform und das entstandene »Regelwerk« bei zunehmender Größe und Komplexität, ist eine zwangsläufige Folge. Hier liegt die mögliche Konfliktlösung neben der verhaltens- und einstellungsorientierten Strategie (Subjektsphäre) insbesondere auch in der strukturierten Vorgehensweise (Objektsphäre).

Mögliches Konfliktpotenzial liegt hier in:

- Normen
- Statuten, Konstitutionen, Verträgen, Geschäftsordnungen und anderen Vereinbarungen
- Gesetzen, Verordnungen und Satzungen
- Organisationsschemata, Organigrammen, Organisationsplänen und Strukturvorschriften
- Grundsätzen der Unternehmenspolitik, Policy-Vorschriften
- festgelegten Zielsetzungen
- Leitsätzen und Leitlinien für konkrete Entscheidungen
- Strategie-Vorgaben
- Kollektivverträgen (generellen und speziellen)
- Arbeitsbedingungen, Lohn- und Gehaltssystemen
- Stellenbewertungsplänen
- Personalplänen, Beförderungsrichtlinien
- Beurteilungsrichtlinien
- Mandatierungsregeln und Delegationsvorschriften
- Produktionsplänen, Materialbeschaffungsplänen
- Wochenprogrammen, Tagesprogrammen etc.
- Funktionsumschreibungen, Arbeitsplatzbeschreibungen Pflichtenheften, Aufgaben- und Kompetenzregelungen, »job descriptions« etc.
- formalisierten Anweisungen und Aufträgen, Standard Operating Procedures

Will man den Konflikt vorrangig in der Objektsphäre bearbeiten, ist eine besonders strukturierte Vorgehensweise erforderlich. Hierbei ist es hilfreich, folgende Regelungen genau zu prüfen und zu hinterfragen:

- Prozesse und Sachvorgänge
- Arbeitsflussdiagramme, Routing-Schemas
- Technische Bedienungsvorschriften für Maschinen und Anlagen

- Informations- und Kommunikationsregeln und -prozeduren
- Prozeduren für Untersuchungen oder Entscheidungsprozesse
- Prozeduren zur Regelung von Differenzen und Konflikten
- Arbeitsabläufe
- Geldmittel, Budgets
- Sachmittel (Material, Betriebsmittel)
- Gebäude, Räumlichkeiten und deren Ausstattung
- Maschinen und Produktionsanlagen
- Transportmittel
- Verkehrswege
- Informations- und Kommunikationsmedien (Formulare, Telefon, Computer-Terminals, Statistiken etc.)

2.2 Konflikttypen

Nachdem wir die Konfliktarten kennen gelernt haben, identifizieren wir im zweiten Schritt die vorherrschenden Konflikttypen. Wir haben fünf »Typen« ausgewählt. Ziel der Identifikation des Konflikttyps ist es, den Ursprung und das Thema des bestehenden Konfliktes genauer herausarbeiten zu können. So gelingt es Ihnen, den Konflikt isoliert zu betrachten und Ihre Gedanken frühzeitig und gezielt lösungsorientiert zu lenken.

Wenn Sie wissen, was der Auslöser Ihres Konfliktes ist, können Sie ihn besser lösen.

Im Einzelnen haben wir folgende Konflikttypen unterschieden:

1. Wertekonflikte
2. Zielkonflikte/Strategiekonflikte
3. Verteilungskonflikte
4. Beziehungskonflikte
   (Herrschaftskonflikt, Distanzkonflikt)

Bei einer differenzierteren Betrachtung von Konflikten bestätigt sich in der Regel, dass sie einen breiten Fächer von Ursächlichkeiten aufweisen. Diese können gleichzeitig auftreten und zudem auch in Beziehung zueinander stehen.

Bei allen Konflikttypen wird die Lösung erschwert durch divergierende Interessenslagen, gegenseitige Vorurteile, Missverständnisse, abweichende Werthaltungen und Verhaltensnormen. Den Konfliktparteien geht es häufig darum, Privilegien, Führungspositionen oder Statussymbole zu verteidigen oder zusätzliche zu erwerben.

Es gilt, die diffuse Komplexität von Konfliktursachen zu reduzieren und Lösungen zu ermöglichen. Hierfür nutzen wir das Fragewörtchen »wieso« (= wie ist es gekommen, dass es jetzt so ist?). Es hilft uns, die entstandene Situation deutlicher in ihren Einzelkomponenten wahrzunehmen.

2.2.1 Wertekonflikte

Sie treten immer dann auf, wenn unterschiedliche Werte oder Grundsätze von einzelnen Personen oder Gruppen vertreten werden.

Dies erleben Sie häufig im interkulturellen oder im politischen und religiösen Umfeld. Hierbei handelt es sich um Konflikte mit teilweise dramatischen Folgen.

Das Bedrohliche an Wertekonflikten ist, dass wir selten eine wirkliche Lösung finden. Hier sind häufig Entscheidungen erforderlich. Diese Entscheidungen werden entweder durch eine höhere Instanz (z. B. eine von allen Parteien legitimierte Person oder ein Gremium) getroffen oder es gelingt in einigen wenigen Fällen, durch Verhandlungen zu einem wirklichen Konsens zu gelangen.

2.2.2 Ziel-/Strategiekonflikte

Das ist wohl die am häufigsten auftretende Form von Konflikten. Insbesondere innerhalb von Unternehmen und Arbeitsgruppen, aber auch innerhalb von Familien und Beziehungen treten Zielkonflikte auf. Dieser Konflikttyp liegt z. B. vor, wenn sich Personen nicht auf ein gemeinsames Ziel verständigen können und/oder die Beteiligten jeweils individuelle Ziele verfolgen.

Bei einem bestehenden Zielkonflikt ist es sinnvoll, zuerst einmal die exakten Ziele der Beteiligten zu benennen und deutlich zu formulieren. Dabei ist es erforderlich, dass Sie zwischen Ziel, Mittel und Maßnahme unterscheiden.

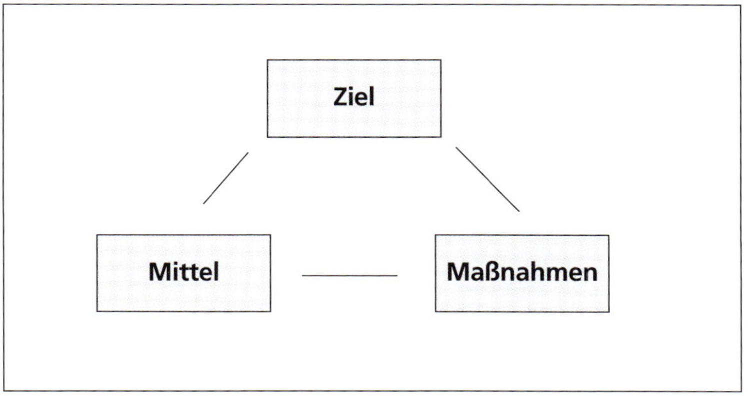

Spannungsfeld Zielkonflikt

> Was ist ein Ziel?
>
> Ein Ziel beschreibt eindeutig den Zustand, der erreicht werden soll.
>
> Mithilfe der SMART-Regel wird deutlich, wann der zu erreichende Zustand eindeutig beschrieben ist, nämlich wenn er
>
> S = schriftlich festgelegt
> M = messbar
> A = attraktiv und anspruchsvoll
> R = realistisch und
> T = terminiert
> ist.

Können Sie Ihre Zielsetzung in einem bestimmten (Konflikt-)Bereich in der oben genannten Form beschreiben, lösen sich manche Konflikte bereits durch die dadurch geschaffene Transparenz auf.

Strategiekonflikte

Auch wenn ein gemeinsames Ziel vorhanden ist, kann es einen Konflikt geben – über die Art und Weise, wie man dieses erreicht.

Selbst wenn Sie gemeinsam verabredete Ziele verfolgen, können Konflikte auftreten, insbesondere über die Art und Weise, wie die zur Verfügung stehenden Mittel und Ressourcen eingesetzt werden sollen. Konfliktpotenzial liegt auch in der Wahl der Maßnahmen, die verwendet werden sollen, um das gemeinsame Ziel zu erreichen.

Ein solcher Konflikt kann mit großer Wahrscheinlichkeit durch den Einsatz geeigneter Methoden gelöst werden.

2.2.3 Verteilungskonflikte

Verteilungskonflikte entstehen, wenn ein begehrtes Gut (begrenzte Ressource) zwischen unterschiedlichen Personen oder Gruppen aufgeteilt werden soll oder muss. Die Konfliktgefahr steigt mit der Verknappung von Ressourcen. Hierbei ist es nachrangig, ob es sich um materielle Ressourcen oder um Positionen und Rollen oder um persönliche Akzeptanz und Wertschätzung handelt.

Dieser Konflikttyp tritt in allen gesellschaftlichen Organisationsformen auf, d. h. Familien sind genauso davon betroffen wie Unternehmen. Das zu verteilende Gut kann ebenso persönliche Zuwendung oder Anerkennung sein wie finanzielle Mittel einzelner Abteilungen. Ein typisches Beispiel für Verteilungskonflikte ist die Verteilung von begehrten Speisen. Dieser Konflikttyp tritt aber auch dann auf, wenn es um die Verteilung von Zeit und Zuwendung geht.

Verteilungskonflikte haben eine hohe Lösungschance, wenn die beteiligten Personen einen Kompromiss aushandeln oder ein Regelwerk schaffen, an das sich alle halten können.

2.2.4 Beziehungskonflikte

Bei Beziehungskonflikten spielen die Gefühle, die die jeweiligen Sachverhalte begleiten, die zentrale Rolle. Typisches Beispiel: Eine der beteiligten Personen fühlt sich missachtet, emotional verletzt oder einfach nicht ausreichend wertgeschätzt.

Persönliches Engagement und Anteilnahme sind besonders bei Beziehungskonflikten wichtig, um dieses lösen zu können.

Um einen Beziehungskonflikt lösen zu können, muss eine der beteiligten Seiten in der Lage sein, die verletzten Gefühle anzusprechen. Eine Lösung erfordert immer das persönliche Engagement aller Beteiligten, den Konflikt nicht nur zu klären, sondern auch ihr zukünftiges Verhalten entsprechend zu verändern. Die Lösung setzt auch einen positiven Abschluss des bisher Erlebten voraus.

Die Konflikttypen und deren Komplexität im Zusammenspiel am praktischen Beispiel

Es gibt Unternehmen, die nicht primär wertegestützt sind, sondern ausschließlich ziel- und ergebnisorientiert geführt werden. Das führt in vielen Fällen dazu, dass die Mitarbeiter eher zu Söldnern als zu aktiven, d. h. auch mit den Herzen beteiligten Mitarbeitern degradiert werden. Nur das Ergebnis zählt hier – egal, welche Mittel und Methoden eingesetzt werden.

Ich habe erlebt, wie in einem gut geführten Unternehmen (wertegestützt) ein unscheinbarer kleiner Wertekonflikt zu einem massiven Konflikt eskalierte, an dessen Ende eine weitere Zusammenarbeit zwischen den Beteiligten nicht mehr möglich war.

Das von mir beschriebene Unternehmen verfolgte primär die Werte Kompetenz, Zuverlässigkeit und Kreativität. Wie so oft in der Praxis führte die Interpretation dieser Werte durch unterschiedliche Auslegung im ersten Schritt zu verdeckten Konflikten.

- *Allein die Beantwortung der Frage: »Wer ist bereit, wie viel seiner jährlichen Arbeits- und Freizeit in die eigene Kompetenz, sprich Weiterbildung, zu investieren?« führte zu erheblichen Auseinandersetzungen und Diskussionen (Wertekonflikt).*

- *Diese Differenzen wurden nicht aufgelöst und im weiteren Konfliktverlauf kamen neue Themen hinzu. Durch weiteres Auseinanderdriften im Wertebereich nahmen auch die persönliche Akzeptanz und die Wertschätzung zwischen den handelnden Personen deutlich ab. Die mangelnde Wertschätzung Einzelner führte zu einer immer größer werdenden Distanz. Häufig wurden persönliche Kontakte aktiv vermieden (Beziehungskonflikt).*
- *Die negative Einschätzung der persönlichen Kompetenz hatte zur Folge, dass einige in neue und interessante Projekte nicht mehr einbezogen wurden (Verteilungskonflikt).*
- *Das Resultat dieser Vorgehensweise führte bei einigen zur Frage: »Wo liegt unsere und insbesondere meine persönliche Zukunft?« (Zielkonflikt).*
- *Auf dieser Konfliktstufe war eine kooperative Lösung der Situation nicht mehr möglich, was zur Trennung führte.*

An diesem Beispiel wurde mir deutlich, wie aus einer »Mücke« ein »Elefant« werden kann, wenn auftretende Konflikte nicht rechtzeitig und richtig gemanagt werden.

Die Konfliktarten/-typen als grafische Darstellung

Die unterschiedlichen Konfliktarten/-typen (oder: »Was wir austragen…«) und ihr Zusammenspiel.

2.3 Erscheinungsformen von Konflikten

Im dritten Schritt betrachten wir, in welcher Form Konflikte in Erscheinung treten. Grundsätzlich sind zwei Erscheinungsformen des Konfliktverhaltens unterscheidbar:

1. offen
2. verdeckt

Was kennzeichnet nun diese unterschiedlichen Erscheinungsformen?

2.3.1 Offener Konflikt

Hier werden die Positionen klar bezogen und verteidigt. Die Konfliktparteien sprechen eine deutliche Sprache und bringen die Dinge auf den Punkt. Auch das nonverbale Verhalten der Beteiligten ist transparent und unterstützt das Gesagte. In diesem Fall erfolgt die Auseinandersetzung sowohl auf der Sach- als auch auf der Beziehungsebene.

Dr. Merk: Wie erlebe ich als Schiedsrichter einen offenen Konflikt?

Sicher gibt es abrufbare Verhaltenmuster, doch auf dem Spielfeld ist jede Auseinandersetzung individuell zu regeln. Als Konfliktmanager brauche ich ein großes persönliches Spektrum, feste Strukturen sind zu statisch und geben meinem Widerpart letztendlich die Möglichkeit, seine Muster abzurufen und durchzusetzen. Beim 1:1-Konflikt mit einem Spieler oder Trainer (wenn er gegen meine Entscheidung reklamiert oder seinen offensichtlichen Unmut äußert) muss ich im ersten Schritt versuchen, ihn richtig einzuschätzen. Was will er? Was bezweckt er? Wie ist die Außenwirkung? Kann ich noch mit ihm reden oder muss ich ihm als erstes mit erhobener Hand und einem »Stopp« entgegentreten? Was kann helfen, seine Emotionen, Subjektivitäten und sich aufbauenden Aggressionen herunterzufahren?

Für mich ist mit einem solchen Vorgehen das Problem allerdings noch nicht vollkommen gelöst. Es kommt daher vor, dass ich den Spieler später in einer ruhigeren Situation auf dem Spielfeld noch

einmal gezielt anspreche. Durch diese Vorgehensweise signalisiere ich ihm, dass ich ihn verstehe, dass ich mich um ihn kümmere und dass ich vor allem nicht nachtragend bin. Dem vormals offenen Konflikt versuche ich immer mit einer offenen Kommunikation zu begegnen. Kommunikation ist besser als Konfrontation! Schwieriger wird die Situation, wenn ein reklamierender Spieler von seinen Mannschaftskameraden Unterstützung bekommt. In diesem Fall stehen mehrere Spieler vor mir und reden auf mich ein. Hier muss ich als Schiedsrichter durch entsprechende Reaktion und Außenwirkung meine Autorität wahren. Eine sich im gesamten Stadion aufbauende Konfliktausbreitung, mit verbundenem Autoritätsverlust, führt zu uneinholbaren Folgen. Sicherheit und Kompetenz zu kommunizieren ist ein wichtiges Signal.

Sicherheit und Kompetenz sind neben einer natürlichen Autorität wichtige Voraussetzungen, um von allen Beteiligten akzeptiert zu werden. Wer dagegen nur Mittel der Bestrafung, im Fußball sind dies eben gelbe und rote Karten, anwendet, hat nachhaltig keine Chance, Konfliktsituationen und somit das gesamte Projekt »Spiel« zu führen. Und das gilt beim Fußball genauso wie in der freien Wirtschaft!

2.3.2 Verdeckter Konflikt

Die Konfliktparteien (oder zumindest eine der Parteien) leugnen den Konflikt, obwohl er für andere längst offensichtlich ist. In sozialen Beziehungen liegen plötzlich unerklärbare Störungen und Kommunikationsschwierigkeiten vor.

Es löst zusätzliche Verwirrung aus, dass das verbale und das nonverbale Verhalten nicht übereinzustimmen scheinen. Die Konfliktparteien zeigen Ausweichreaktionen und legen sich nicht fest.

Insbesondere bei verdeckten Konflikten gilt das Eisbergprinzip. Die sichtbare Spitze des Eisbergs ($^2/_7$ der Höhe) stellt den vermeintlichen (sichtbaren) Konflikt dar (siehe Abb. Seite 53), der wichtigste Teil jedoch (beim Eisberg ca. $^5/_7$) bleibt unter der Wasseroberfläche verborgen. Dabei sind die nicht sichtbaren Anteile weit gefährlicher, denn sie entwickeln eine versteckte Dynamik, da sie kaum Ansatzpunkte für eine offene konstruktive und produktive Auseinandersetzung bieten.

Verdeckte Konflikte bleiben häufig in dieser verdeckten Position, wenn eine »Machtinstanz« sie dort belässt. Eine Konstellation, die wir oft in Unternehmen, Organisationen und auch im politischen Umfeld vorfinden. (Allerdings treten verdeckte Konflikte auch in Familien und Beziehungen auf.) Durch einen solchen Machtfaktor wird eine wirkliche Lösung zusätzlich erschwert.

Selbst die Titanic wurde von einem Eisberg aufgeschlitzt und versenkt, obwohl die Spitze des Eisberges von der Schiffsmannschaft aus weiter, sicherer Entfernung wahrgenommen wurde.

Unterdrückte Konflikte werden fallweise durch »fremde Dritte« aufgeheizt und eskalieren dann unter Umständen. Die plötzliche Eskalation stellt eine große und permanente Gefahr bei latenten und unterdrückten Konflikten dar.

Je länger die Ursachen dieser Konflikte unbewusst bleiben, desto komplexer und vieldimensionaler erscheinen sie. Meist ist nicht mehr deutlich zwischen Konfliktanlass bzw. -auslöser und den eigentlichen Konfliktursachen zu unterscheiden. Konfliktpositionen und -personen sind bei verdeckten Konflikten nicht mehr klar abgrenzbar, eine Lösung scheint unmöglich, da die Komplexität nicht mehr überschaubar ist.

Dr. Merk: Wie erlebe ich als Schiedsrichter einen verdeckten Konflikt?

Bisweilen entsteht nach meinem Pfiff eine kollektive Unzufriedenheit bei einem oder mehreren Spielern, weil das Spiel unterbrochen wurde. Dies geschieht auf dem Spielfeld sehr oft ansatzlos. Hier darf ich mich nicht überraschen lassen. Ich muss den Leader sehr schnell identifizieren und – sehr wichtig – bevor weitere Potenziale geweckt werden, separieren, um ihn individuell ansprechen zu können. Das erfordert eine hohe Konzentration, denn es gilt immer einen Tick schneller zu sein als der Spieler selbst. Ich muss erkennen und wissen, was er vor hat, und entsprechend reagieren, eine latente Konfliktausweitung auf das gesamte Umfeld verhindern.

Generell ist die Konzentration für den Schiedsrichter entscheidend, denn jeder Tag ist anders, jedes Spiel ein neues Projekt. Erfahrung ist wertvoll, somit kann ich gewisse Handlungsabläufe abrufen, aber je nach Rahmenbedingung reagieren meine Verhandlungspartner sehr unterschiedlich, bisweilen erfinderisch. Insbesondere bei verdeckten Konflikten ist die Intuition eine wichtige Voraussetzung.

Das Eisbergmodell

Globale Konfliktdiagnose

Denken Sie an einen konkreten Konflikt, in den Sie selbst verwickelt waren und der Ihnen für die Art und Weise, wie in Ihrer Organisation Konflikte ausgetragen werden, typisch erscheint.

Sie sehen auf diesem Blatt Merkmale eines Konfliktes, die einander gegenübergestellt sind. Welche sind für den von Ihnen ausgewählten Konflikt charakteristisch: sind es eher diejenigen, die links stehen – oder diejenigen, die rechts stehen?

1 offen und direkt konfrontierend	++	+	0	+	++	»von hinten herum«
2 sichtbare Aggressionen	++	+	0	+	++	verdeckte Aggressionen
3 mit »schäumendem Mund«	++	+	0	+	++	unterdrückte Emotionen
4 idealistisch motiviert	++	+	0	+	++	zynisch
5 siegessicher	++	+	0	+	++	resignierte Einstellung »es gibt nichts zu gewinnen«
6 Es werden Mitstreiter gesucht	++	+	0	+	++	Tendenz zum Einzelkämpfertum
7 Selbstüberschätzung	++	+	0	+	++	Ohnmachtsgefühl
8 auf Eroberung/Expansion aus	++	+	0	+	++	zurückgezogen
9 überheblich	++	+	0	+	++	mutlos, deprimiert, ängstlich
10 emotionsgeladen	++	+	0	+	++	unterkühlt

11 negative Emotionen werden entladen	++	+	0	+	++	negative Emotionen werden gestaut
12 überempfindlich	++	+	0	+	++	unempfindlich
13 spontane Explosionen	++	+	0	+	++	berechnete Aktionen
14 ungebremst	++	+	0	+	++	krampfhaft kontrolliert
15 jeder lässt sich gehen	++	+	0	+	++	jeder stark blockiert
16 Aktionsrausch	++	+	0	+	++	Beklemmung, Blockaden
17 spektakuläre Aktionen	++	+	0	+	++	heimliche Aktionen
18 direkte Reibung erwünscht	++	+	0	+	++	Suche nach Distanz
19 Prozeduren werden durchbrochen	++	+	0	+	++	Prozeduren werden gezielt genutzt
20 sehr unförmliches Verhalten	++	+	0	+	++	sehr förmliches Verhalten
21 Konflikt wird zugegeben	++	+	0	+	++	Konflikt wird geleugnet

Kapitel 3

Konfliktverhalten

- Ihr Verhalten und Ihre Einstellung sind die wichtigsten Elemente bei der Konfliktlösung, denn sie beeinflussen ganz wesentlich auch Ihren Konfliktpartner.
- Die beste Strategie im Konflikt ist die Win-Win-Strategie. Beide Partner suchen hier gemeinsam nach einer Lösung und können weitgehend ihre Interessen durchsetzen
- Damit lassen sich sogar Lösungen finden, die neue Perspektiven bieten.

3.1 Mein Verhalten: Der erste Schritt zur Lösung

Betrachte ich Konflikte als normalen Bestandteil des menschlichen Zusammenlebens, gelingt es mir auch, die positiven Elemente und Möglichkeiten zu erkennen. Mit dieser Grundhaltung ist es möglich, die produktiven Funktionen eines Konfliktes zu nutzen.

Es geht nicht darum, Konfliktsituationen zu vermeiden, sondern sie konstruktiv zu nutzen.

Der erste und sehr wichtige Schritt bei der Konfliktlösung ist, einen bestehenden Konflikt anzuerkennen und ihn anzunehmen.

Das Konfliktverständnis der beteiligten Personen bestimmt deren Einstellung zu Konfliktsituationen und damit auch wesentlich den weiteren Konfliktverlauf. Aus der Einstellung resultieren wiederum das Verhalten in Konfliktsituationen sowie Ansatz und Bereitschaft zur Bewältigung der Spannungen.

Unsere Einstellung zu Konflikten hat darüber hinaus großen Einfluss auf die eigene Wahrnehmung von Konflikten. Mit der Frage »Erkenne ich auftretende Konflikte oder verdränge und leugne ich die Signale?« habe ich das erste Hindernis der eigenen möglicherweise eingeschränkten Wahrnehmung identifiziert.

Die bewusste Wahrnehmungslenkung auf konfliktträchtige Signale ist der erste Punkt unserer Strategie. Es stellt sich augenblicklich die zweite Frage: Wie reagiere ich auf Konflikte? Bin ich eher hilflos und ängstlich? Oder gehe ich diesen Konflikt direkt und offensiv an und sehe ihn als Chance zur Veränderung und Verbesserung?

Gefühle steuern Verhalten

Das eigene Gefühl steuert neben der Wahrnehmung auch das Verhalten. Das führt dazu, dass ein Konflikt, nachdem ich ihn anerkannt und meine Gefühle diesbezüglich geprüft habe, nun theoretisch offen und fair angegangen werden kann.

Mein Verhalten ruft zwangsläufig eine Reaktion bei meinem Konfliktpartner hervor, nämlich entsprechend meines gezeigten Verhaltens. Selbstverständlich treffen wir hier auf den gleichen Kreislauf: Welche Einstellung hat er? Wie nimmt er meine gezeigte Reaktion wahr? Wie reagiert er emotional auf diese Signale? Wie richtet er sein Verhalten mir gegenüber aus?

3.1.1 Die sich-selbst-erfüllende Prophezeiung

Hier beginnt häufig die »sich-selbst-erfüllende Prophezeiung«. Denn sie ist an bestimmte Erwartungen an das Konfliktmanagement der Konfliktparteien gekoppelt. Wird beispielsweise von anderen eine kompetitive Einstellung zum Konflikt erwartet, dann wird das eigene Verhalten darauf »eingestellt«. Es werden Informationen zurückgehalten, egozentrisch eigene Interessen durchgesetzt, gedroht und damit wird selbst ein kooperativ eingestellter Partner zu einem misstrauischen und feindseligen Gegnerverhalten »animiert«.

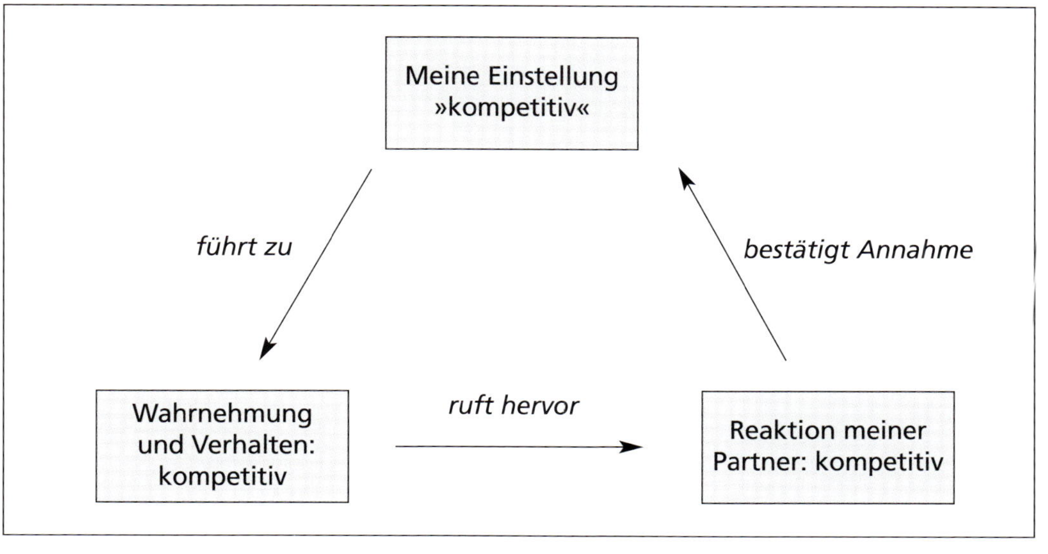

Beispiel dafür, wie sich Einstellung und Verhalten gegenseitig bedingen

3.1.2 Das Spiegelbild-Phänomen

Eine weitere häufige Erscheinung ist das Spiegelbildphänomen. Es hat ebenfalls darauf Einfluss, ob der Konflikt sich eher konstruktiv oder destruktiv entwickelt.

Das Spiegelbild-Phänomen besagt, dass die Konfliktparteien dazu neigen, gleiches Verhalten unterschiedlich zu bewerten. Wird der andere von uns geschickt getäuscht, so werten wir dies als »clever«. Gelingt es dem anderen, uns zu täuschen, so ist er »gemein«.

Diese unterschiedlichen Bewertungen beruhen darauf, dass die eigenen Absichten eher als berechtigt und die des »Gegners« eher als unberechtigt angesehen werden.

Zusätzlich gehen die Konfliktparteien häufig davon aus, dass der andere die eigenen berechtigten Absichten erkennen müsse. Geschieht dies nicht, wird das als Provokation aufgefasst. Der gleiche Mechanismus läuft bei dem anderen Beteiligten wie in einem Spiegel ab.

3.1.3 Wahrnehmung und Realität

Immer wieder scheitert die Bewältigung von Konflikten daran, dass versucht wird herauszufinden, welche Position eher der Realität entspricht. Es geht also um die Frage: Wer hat wirklich Recht?

Viele Philosophen haben darüber räsoniert und auch Paul Watzlawick fasste 1974 in Worte:

»Wir haben es nie mit der Wirklichkeit zu tun, sondern immer nur mit den Bildern der Wirklichkeit, also mit Deutungen. Die Zahl der jeweils möglichen Deutungen ist groß. Die jeweilige Deutung ist subjektiv durch das Weltbild der Betreffenden meist auf die einzig scheinbar mögliche, vernünftige und erlaubte begrenzt. Aufgrund dieser einen Deutung gibt es auch nur eine scheinbar mögliche und vernünftige und erlaubte Lösung.«

Gänzlich der falsche Ansatz ist herauszufinden zu versuchen, wer Recht hat. Denn es gibt keine objektive Realität, sondern nur subjektive Deutungen.

Viel hilfreicher ist es, seine Energie darauf zu richten, zu verstehen, warum wir unterschiedliche Wirklichkeiten wahrnehmen und wie wir zu diesen Sichtweisen gelangt sind.

Die grundsätzliche Frage, die sich daraus ergibt:

Wie ist es möglich, trotz unterschiedlicher Auffassung von Wirklichkeit, positiv und konsensorientiert miteinander umzugehen?

Situationen und Menschen stellen sich ganz unterschiedlich dar, wenn es uns nur gelingt, eine andere Blickrichtung einzunehmen.

3.1.4 Konfliktpräferenz

Eine gute Möglichkeit, die eigene Konflikteinstellung und das eigene Konfliktverhalten kennen zu lernen ist der Ansatz von T. F. Crum aus »The Magic of Conflict«. Er bietet eine einfach zu handhabende Hilfestellung. Prüfen Sie für sich, welche der angebotenen Verhaltenstendenzen in Konfliktsituationen für Sie primär zutreffend ist.

Vielleicht werden Sie sagen: sowohl als auch. Bitte suchen Sie diejenige heraus, die am stärksten auf Sie zutrifft. Selbstverständlich verfügen Sie auch über die anderen Verhaltensmöglichkeiten, diese sind bei Ihnen dann aber nicht so dominant.

Quadrat

Ich reagiere in Konfliktsituationen eher konsequent und bestimmt. Ich zeige mich entschlossen und sicher. Ich gelte in Konfliktsituationen als stabil, beständig und somit auch als verlässlich.

Dreieck

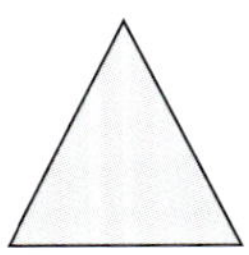

Konflikte gehe ich sehr direkt und dynamisch an. Meine Konfliktpartner bezeichnen mich als dynamisch, stark und energisch. In Konflikten agiere ich initiativ und manchmal auch konfrontierend.

Kreis

Auf Konflikte reagiere ich eher offen und konstruktiv. Ich kann Konfliktsituationen gut akzeptieren, diese auf- und annehmen. In Konfliktsituationen wirke ich unterstützend, zustimmend und eher ausgleichend. Ich erlebe mich überwiegend harmonisierend.

Das waren die eher positiven Merkmale Ihres persönlichen Konfliktverhaltens. Diese Verhaltenstendenzen werden sicherlich auch von den meisten Ihrer Konfliktpartner geschätzt. Aber wie sagte schon Paracelsus: »Allein die Dosis macht, das ein Ding' kein Gift ist.«

Negative Ausprägungen

Jede Medaille hat zwei Seiten. Treten diese Verhaltensmerkmale in Konfliktsituationen im Übermaß auf, werden Ihre Konfliktpartner diese eventuell auch als störend empfinden.

Quadrat

Im Übermaß: Andere werden Sie vielleicht als autoritär und dogmatisch erleben. Häufig fallen auch Worte wie »selbstgerecht«, »stur«, »unbeweglich«. Ihr Konfliktverhalten wird eher als blockierend und statisch erlebt.

Dreieck

Im Übermaß: Dieses Verhalten wird von anderen eher als beanspruchend und ungehalten, aggressiv und verletzend erlebt. Man kann es auch als manipulativ und destruktiv erleben.

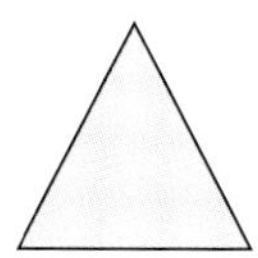

Kreis

Im Übermaß: Ihr Verhalten wird als unkorrekt, keine klaren Grenzen aufzeigend, nicht fassbar und unentschlossen erlebt. Sie können als unverbindlich und unkonkret erlebt werden. Negativ formuliert wird es als »Wischi-Waschi-Verhalten« beschrieben.

3.1.5 Mögliche Strategien im Konflikt

Die eigene Einstellung und die persönliche Konflikterfahrung prägen auch die Konfliktstrategie. Grundsätzlich können wir folgende Strategien unterscheiden:

Win-Loose-Einstellung

Der kompetitive Gedanke dominiert: Konkurrenz und »gewinnen wollen« beherrschen die Auseinandersetzung. Jede Partei möchte die eigenen Standpunkte auf Kosten aller anderen Beteiligten durchsetzen. Jeder versucht, sein Ziel zu erreichen.

Win-Win-Einstellung

Die Beteiligten sind zur Kooperation bereit und sind davon überzeugt, den Konflikt im Gespräch bewältigen zu können. Kennzeichnend dafür ist: Es wird bewusst konfliktarm formuliert. Der Verhandlungspartner wird akzeptiert und respektiert. Die Beteiligten suchen nach einer Lösung, die für alle akzeptabel und tragbar ist. Die vorhandenen widersprüchlichen Meinungen, Ziele und Vorstellungen können offen besprochen und diskutiert werden. Vor- und Nachteile werden gegeneinander abgewogen. Divergenzen werden offen und direkt angesprochen.

Einstellung/Strategie 1 (Win-Loose)
Ich gewinne, du verlierst

Ein Kontrahent erzwingt eine Lösung, die er auf Kosten seines Partners gegen dessen Willen durchsetzt.

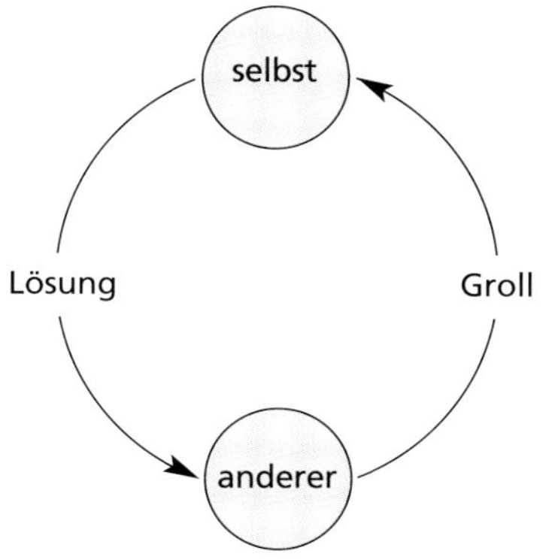

Einstellung/Strategie 2 (Loose-Win)
Du gewinnst, ich verliere

Der Partner lässt seinem Kontrahenten den Willen, obgleich er sich im Recht fühlt.

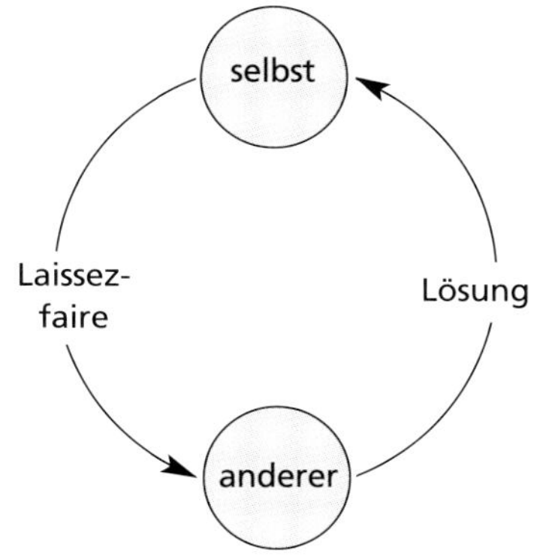

Einstellung/Strategie 3 (Win-Win)
Die jeder-gewinnt-Methode

Beide Partner suchen gemeinsam die beste Lösung. Die individuellen Interessen und Vorstellungen werden weitgehend erreicht.

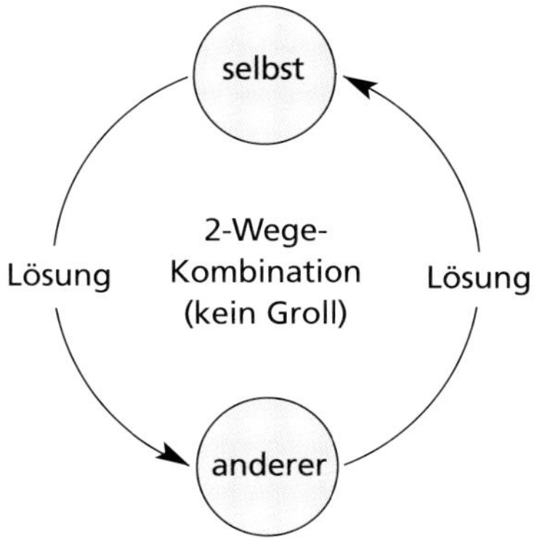

3.2 Das Konfliktlösungsdiagramm

Zur Vorbereitung eines Konfliktklärungsgespräches oder einer Verhandlung können Sie das Konfliktlösungsdiagramm nutzen. Es kann Ihnen helfen, die eigenen Interessen und Ziele (aber Achtung: nicht immer sind Ziele und Interessen deckungsgleich) für sich deutlich zu machen. So erkennen Sie auch optisch Ihre Möglichkeiten und Begrenzungen.

Nach dem Gespräch können Sie ebenfalls einen eindeutigen Abgleich vornehmen und so das erreichte Ergebnis beurteilen und bewerten.

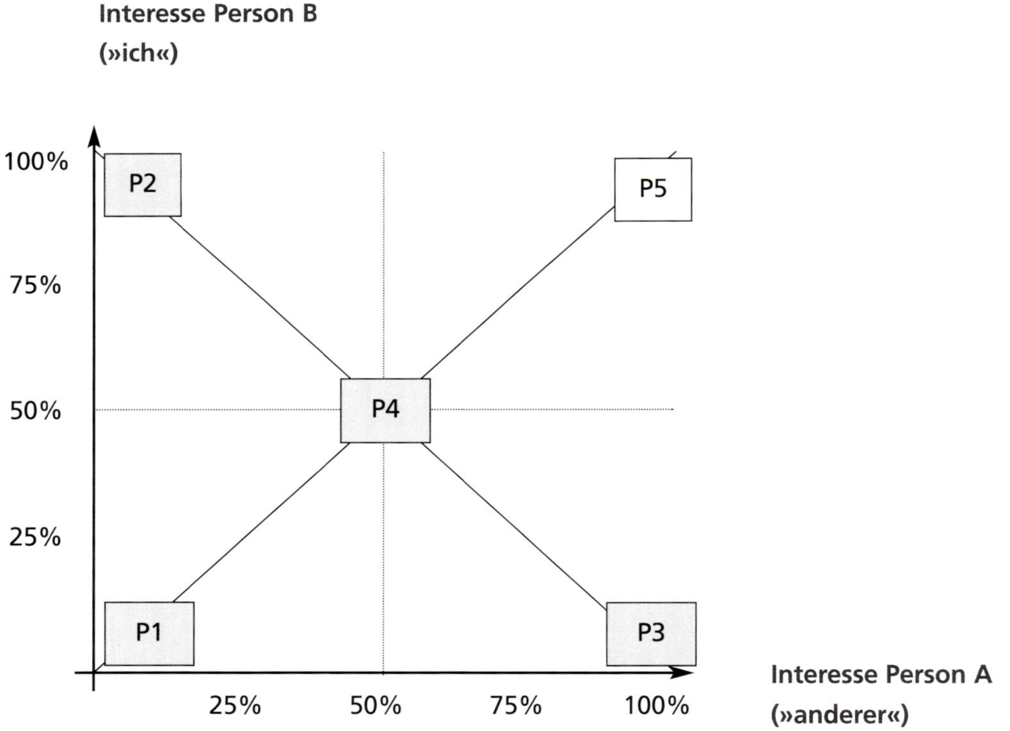

Mögliche Positionen

P1: Beide Seiten verlieren.
Gegenseitige Vernichtung, Blockade, Vermeidung

P2: Ich bekomme alles, die andere Seite nichts.
Durchsetzung auf Kosten der anderen Seite

→ **Krieg, Vernichtung**

P3: Die andere Seite bekommt alles, ich gehe leer aus.
Vermeidung, Anpassung, Unterordnung

→ **nachgeben um des lieben Friedens willen**

P4: Beide Seiten gewinnen und verlieren etwas.
Kompromiss, Zugeständnisse, ein wenig Zufriedenheit. Der Kompromiss hat den Nachteil, dass die Beteiligten in ihrem Rahmen (Beschränkung) bleiben. Es gibt selten neue, vielleicht bessere Lösungen.

→ **Verhandeln**

P5: Beide Seiten gewinnen.
Ideale Kooperation. Beide Seiten können ihre Interessen verwirklichen, im Idealfall zu 100 %. Hierfür sind oft neue Möglichkeiten und Lösungen entworfen worden.

→ **Zufriedenheit bei allen Beteiligten**

Ergebnisbewertung

Wenn das Ergebnis ein Kompromiss ist:

Es wird verhandelt, beide Seiten gewinnen und verlieren etwas, ein Kompromiss ist die Lösung. Beim Ver-/Aushandeln eines Kompromisses gilt es drei Kernbereiche zu berücksichtigen:

- Trennen Sie Sache und Personen. Jeder Partner hat ein Sachinteresse (Verhandlungsgegenstand), aber auch ein Interesse an der bestehenden Beziehung.
- Nicht Ihre Ziele oder Positionen, sondern Ihre Interessen sollten den Fokus Ihrer Verhandlung bilden.

- Vor oder gemeinsam in der Verhandlung sollten möglichst viele Alternativen gesucht und bewertet werden. Schauen Sie bei der Sache nicht auf das, was ist, sondern nach vorne.

Anforderungen an das Verhandlungsergebnis

Auf alle Fälle soll das Ergebnis einer Verhandlung folgenden Bedingungen entsprechen:

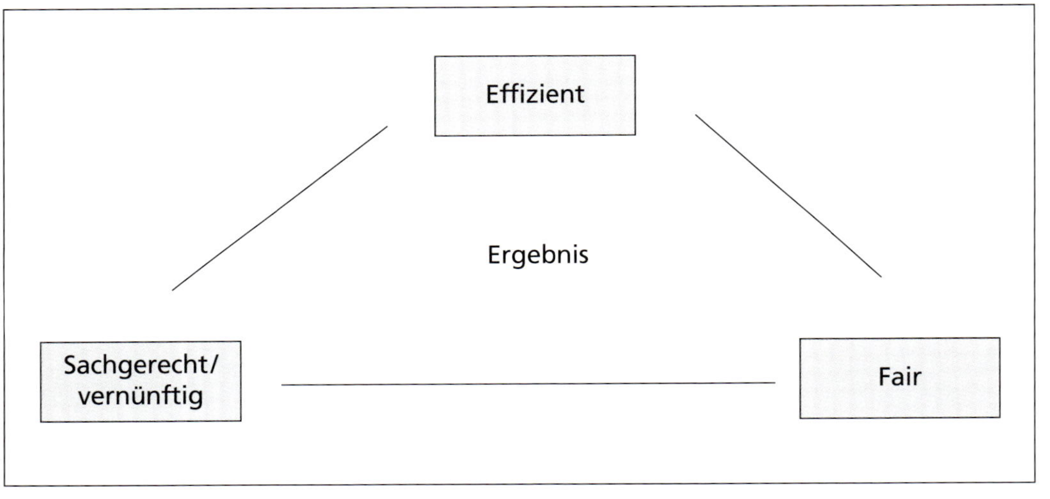

- Effizient: Welcher Aufwand an Zeit und Kosten entsteht für die Lösung des Problems? Insbesondere sind auch die Folgekosten für die Umsetzung zu bedenken. Eine schnelle, halbherzige Lösung kann auf Dauer sehr »teuer« werden.
- Sachgerecht/vernünftig: Das Ergebnis fußt auf möglichst rationalen und objektiven Entscheidungskriterien. Es kann von Experten (Gutachtern oder Spezialisten) objektiv positiv bewertet werden. Es entspricht den geltenden Gesetzen und Vorschriften und ist praktisch umsetzbar. Objektive Kriterien sind frei und unabhängig vom jeweiligen Willen.

Beispiel für objektive bzw. objektivierbare Kriterien:
- Vergleichsfälle, Benchmarks
- Gutachten/Sachverständige
- Kosten/Erträge
- Auswirkungen für die Beteiligten (quantifizierbar)
- Marktwert (es kann auch der ausschließliche Markt der Kontrahenten sein)
- Gesetze und moralische Kriterien
- Gleichbehandlung

• Fair: Dieses Kriterium kann kaum objektiv bewertet werden. Fair ist das, was von allen Beteiligten als fair empfunden wird.

Das Ergebnis muss von allen akzeptiert und getragen werden. Die Verhandlungspartner sind in der Lage, das Erreichte zu Hause zu vertreten (zu verkaufen). Das Ergebnis bzw. die Umsetzung ist kontrollierbar. Die Beziehung der Partner ist wieder gesund und stabil.

Übung: Konflikt und Verhandlung

Rolle für Dr. Salina

Die Lage

Sie sind der Biologe Dr. Salina, der in einer pharmazeutischen Firma forscht. Kürzlich haben Sie ein synthetisches Serum entwickelt, das Röteln sowohl verhindern als auch heilen kann. Röteln sind gerade bei schwangeren Frauen eine gefährliche Krankheit. Wenn sie in den ersten vier Wochen der Schwangerschaft nicht erkannt werden, verursachen sie beim ungeborenen Kind schwere Gehirn-, Augen- und Gehörschäden.

Kürzlich ist in Ihrem Land eine Rötelnepidemie ausgebrochen. Mehrere tausend Frauen sind erkrankt. Sie haben (bei freiwilligen Versuchspersonen) herausgefunden, dass Ihr neu entwickeltes Serum bereits in einem sehr frühen Krankheitsstadium heilt. Unglücklicherweise kann das Serum nur vom Saft der sehr seltenen Ugli-Orangen hergestellt werden. In dieser Saison sind aber nur etwa 4000 dieser Ugli-Orangen geerntet worden. Bis zur nächsten Saison wird es keine weiteren mehr geben. Das wäre jedoch für die derzeit an Röteln erkrankten Frauen zu spät.

Sie haben nachgewiesen, dass bei dem Serum keinerlei Nebenerscheinungen auftreten. Die internationale Gesundheitsbehörde hat Ihr Serum als Heilmittel für Röteln anerkannt und der Herstellung und dem Verkauf zugestimmt. Sie besitzen das Patent auf das Serum. Es ist zu erwarten, dass das Mittel ein sehr Gewinn bringendes Produkt wird, wenn es einmal allgemein für die Öffentlichkeit erhältlich sein wird. Leider kam der derzeitige Rötelnausbruch unerwartet früh. Ihre Firma hatte geplant, das Serum erst in einem halben Jahr zur Verfügung zu stellen.

Kürzlich haben Sie aus verlässlicher Quelle gehört, dass Mr. Cardoza, ein südamerikanischer Fruchtexporteur, 3000 Ugli-Orangen von sehr guter Qualität besitzt. Wenn Sie den Saft aller 3000 Orangen erhalten könnten, wären Sie in der Lage, die derzeit erkrankten Frauen zu heilen und außerdem noch genügend Impfstoff für die restlichen schwangeren Frauen herzustellen. Augenblicklich besitzt kein anderes Land ein Medikament gegen Röteln.

Sie sind kürzlich informiert worden, dass außer Ihnen Dr. Scharf dringend Ugli-Orangen sucht. Er weiß, dass Mr. Cardoza 3000 Orangen besitzt. Dr. Scharf ist bei einer konkurrierenden pharmazeutischen Firma angestellt und dort schon seit einigen Jahren mit der biologischen Forschung nach Kampfstoffen beschäftigt. In der pharmazeutischen Industrie gibt es Industriespionage großen Ausmaßes. In den vergangenen Jahren haben die beiden Firmen mehrere Male wegen Patentrechtsverletzungen und Firmenspionage Prozesse geführt.

Der Auftrag

Sie haben von Ihrer Firma den Auftrag bekommen, Mr. Cardoza anzusprechen und die 3000 Ugli-Orangen zu kaufen. Man hat Ihnen gesagt, dass er sie zum höchsten Angebotspreis verkaufen wird. Ihre Firma hat Sie ermächtigt, bis 250.000 Dollar mitzubieten, um den Saft der 3000 verfügbaren Orangen zu erhalten. Vorher führen Sie ein Gespräch mit Dr. Scharf. Sie sollen ihn so beeinflussen, dass er Sie nicht am Kauf der Orangen hindert.

Rolle für Dr. Scharf

Die Lage

Sie sind Dr. Scharf, ein Biologe, der in einer pharmazeutischen Firma forscht. Ihre Firma hat einen Vertrag mit der Regierung, um Abwehrmaßnahmen gegen biologische Kampfmittel zu entwickeln. Kürzlich sind einige Nervengasbomben aus dem Zweiten Weltkrieg von den USA auf eine kleine Insel in der Nähe der Küste des Pazifischen Ozeans verlagert worden. Beim Transport haben zwei dieser chemischen Bomben ein Leck bekommen. Derzeit wird das Leck von zwei Wissenschaftlern der Regierung kontrolliert. Diese Experten nehmen an, das Gas werde innerhalb von zwei Wochen die Wände der Bombe durchdringen. Sie kennen keine Methode, um zu verhindern, dass das Gas in die Atmosphäre gelangt und auch den Kontinent erreicht. Wenn dies passiert, ist es hochwahrscheinlich, dass mehrere tausend Personen schwere Gehirnschäden erleiden oder sterben.

Es ist Ihnen gelungen, synthetische Dämpfe zu entwickeln, die das Nervengas neutralisieren können, wenn sie in die Kammer der Bombe injiziert werden, bevor das Gas austritt. Für die Herstellung Ihrer Dämpfe wird ein chemisches Substrat gebraucht, das aus der Schale von Ugli-Orangen gewonnen wird. Diese Ugli-Orangen kommen sehr selten vor. In dieser Saison wurden nur 4000 davon geerntet.

Aus verlässlicher Quelle haben Sie gehört, dass Mr. Cardoza, ein Fruchtexporteur aus Südamerika, im Besitz von 3000 Ugli-Orangen sehr guter Qualität ist. Das Substrat von den Schalen dieser 3000 Ugli-Orangen würde ausreichen, um das Nervengas zu neutralisieren, wenn die Dämpfe hergestellt und in die Bombenkammer eingeführt werden. Sie haben außerdem gehört, dass die Schalen dieser Apfelsinen gut erhalten sind.

Sie wissen, dass außer Ihnen Dr. Salina sich sehr dringend bemüht, diese Ugli-Orangen von Mr. Cardoza zu kaufen. Dr. Salina arbeitet für eine Firma, die für Ihr Unternehmen härteste Konkurrenz darstellt. Es gibt sehr viel Werkspionage in der pharmazeutischen Industrie. Während der letzten Jahre haben die beiden Firmen mehrere Prozesse wegen Patentrechtsverletzungen und Industriespionage geführt. Zwei Prozesse laufen noch.

Der Auftrag

Die Regierung hat Ihre Firma um Mithilfe gebeten. Sie haben von Ihrer Firma den Auftrag bekommen, an Mr. Cardoza heranzutreten und die 3000 Ugli-Orangen zu kaufen. Man hat Ihnen gesagt, dass er sie zum höchsten Angebotspreis verkaufen wird. Sie sind ermächtigt, bis 250.000 Dollar mitzubieten, um die Schalen der Orangen zu erhalten. Bevor Sie mit Mr. Cardoza sprechen, wenden Sie sich erst an Dr. Salina. Sie wollen ihn so beeinflussen, dass er Sie nicht am Kauf der Orangen hindert.

Nur für Beobachter

Obwohl Dr. Salina und Dr. Scharf beide wissen, dass sie jeweils nur einen bestimmten Teil der Orange brauchen (nämlich Saft oder Schale), weiß keiner von beiden, dass der andere einen anderen Teil der Orange braucht.

Der Hintergrund dieser Übung ist, herauszufinden, ob die beiden es merken, wie lange es dauert und wie es passiert. Außerdem sind wir daran interessiert, wie jeder von ihnen sein Problem angeht und wie es schließlich geregelt wird.

Beobachtungsbogen

Beobachten Sie mit Ihrem Hintergrundwissen die Diskussion genau, geben Sie keinerlei Hinweise und beantworten Sie folgende Fragen:

1. Haben die beiden entdeckt, dass der eine nur die Schale und der andere nur den Saft der Orangen braucht, und wie lange hat das gedauert?

2. In welche Richtung ging die Diskussion? Wie sind die beiden das Problem angegangen und welche Argumente haben sie benutzt?

3. Welche Faktoren haben eine Lösung des Problems verhindert?

4. Was hat geholfen, das Problem zu lösen?

5. Wie ist das Gesprächsergebnis?

a) Wem werden die Orangen ausgeliefert?

b) Wie werden die Orangen ausgeliefert?

Kapitel 4

Konflikteskalation

- Werden Konflikte nicht rechtzeitig gelöst, können sie sehr leicht eskalieren. Sie folgen einer eigenen Dynamik, an deren Ende beide Konfliktpartner großen Schaden davontragen.
- Es gibt jedoch auch eine produktive Konflikteskalation, die zu Vertrauen und Offenheit führen kann.

Werden Sie in einen Konflikt eingebunden, führen Sie sich vor Augen, dass eine Lösung für diesen gefunden werden muss. Ein Ausweichen oder Aussitzen ist in den meisten Fällen unmöglich. Bei »Nicht-Bearbeitung« und/oder ungeeigneter Vorgehensweise drohen Konflikte zu eskalieren. Sie folgen einer festen negativen Dramaturgie. Das Verhalten und die Handlungsmöglichkeiten aller Beteiligten werden dabei von Stufe zu Stufe weiter eingeengt.

Werden Konflikte nicht gleich zu Beginn gelöst, eskalieren sie in den meisten Fällen. Beide Konfliktparteien werden dadurch geschädigt.

Film-Beispiel

Wohin uns schlecht gemanagte Konflikte führen können, zeigt der Film »Der Rosenkrieg« (1989) von Danny DeVito mit Michael Douglas und Kathleen Turner auf beeindruckende Art und Weise. Dieser Film ermöglicht uns, die Konflikteskalation aus der geschützten Position (des Kinosessels) deutlich zu erleben. Wir können Ihnen diesen Film als Anschauungs- und Lernmaterial nur wärmstens empfehlen.

Der Konfliktspezialist Glasl hat den möglichen Konfliktverlauf in neun Stufen exzellent beschrieben. Die Folgerichtigkeit der Dramaturgie kann ich aus einer Vielzahl eigener praktischer Fälle nur bestätigen. Ungemanagte Konflikte sind gefährlich, da die negativen Emotionen die positiven Handlungsmöglichkeiten verdrängen. Sie geraten außer Kontrolle und die gemeinsame Lösung steht nicht mehr im Vordergrund, sondern es geht nur noch um Sieg und Niederlage.

4.1 Dynamik der Konflikteskalation – neun Stufen nach Glasl

Neun Stufen der Eskalationsdynamik		Deeskalationsstrategien
1. Befangenheit, Spannungen	Kooperation > Konkurrenz	Konsolidierung
2. Polarisierung	Kooperation = Konkurrenz	Moderation
3. Konfrontation	Kooperation < Konkurrenz	Moderation und Prozessbegleitung
4. Vom Gegner zum Feind		
5. »Enthüllung« des Feindes		Prozessbegleitung und soziotherapeutische Unterstützung
6. Unverhüllte Drohungen		Soziotherapeutische Begleitung und Vermittlung
7. Schlacht		Vermittlungs- und Schiedsverfahren
8. Vernichtungsfeldzug		Schiedsverfahren und Machteingriff
9. Kamikaze		Machteingriff

Für jede Stufe der Konflikteskalation gilt es die geeignete Intervention zu finden. Diese muss Gewalt begrenzen oder besser noch ausschließen. Ziel ist es, auf durch Kooperation erzielte Lösungen hinzuleiten.

1. Stufe: Befangenheit, Spannungen

Ein Konflikt kündigt sich an, wenn man nicht mehr unbefangen miteinander umgehen kann.

Die Gesprächspartner beharren zunehmend auf ihren Ansichten; ihre Meinungen verfestigen sich zu Standpunkten. Die Beteiligten verkehren nicht mehr unbefangen miteinander (»Ich bin gespannt, was heute wieder los ist«). Sie ahnen, dass ihre Beziehungen entgleisen könnten, wenn sie sich nicht zusammenreißen. Noch aber sind sie überzeugt, die Spannungen durch »vernünftige Argumente« beseitigen zu können. So kommt es zu krampfhaften Kooperationsversuchen. Auch sind sie entschlossen, weiterhin fair miteinander umzugehen.

2. Stufe: Polarisierung

Die Partner schlagen eine härtere Gangart ein und scheuen auch vor heftigen verbalen Auseinandersetzungen nicht zurück. Es bilden sich Koalitionen, deren zur Schau gestellte Selbstsicherheit die Gegenseite provozieren soll. Die Verteidigung des eigenen Standpunktes wird zur Prestigeangelegenheit. Ermüdende Debatten treten an die Stelle des Gesprächs. Die Beteiligten nutzen Schwächen der Gegenseite aus, um die eigene Position zu stärken, wie sie sich überhaupt mit taktischen Finessen auszubooten versuchen.

3. Stufe: Konfrontation

Das Verhalten der Konfliktparteien wird noch rigider: Zum Nachgeben sind sie nicht mehr bereit, erwarten aber vom Kontrahenten, dass er sich ihre Auffassung zu Eigen macht. Die Devise lautet: Reden hilft nichts mehr, jetzt müssen Taten folgen. Die Parteien treten nach außen als verschworene Gemeinschaften auf. Sie entwickeln ein starkes Wir-Gefühl und eine Eigendynamik, die sie mehr und mehr voneinander trennt, auch wenn sie noch im Bewusstsein handeln, ihre Konflikte lösen zu können – der andere brauche ja nur auf ihre Linie einzuschwenken.

4. Stufe: Vom Gegner zum Feind

Die Auseinandersetzung gerät in ein kritisches Stadium: Es geht nur noch um Sieg oder Niederlage, Schwarz-Weiß-Denken grassiert. Zwischen strahlendem Selbstbild und miesem Fremdbild gibt es kaum noch Zwischentöne. Die Hauptsorge gilt der Wahrung der eigenen Reputation. Ein »point of no return« ist erreicht: Der Weg zurück, etwa auf Stufe eins der Beziehung, ist aus eigener Kraft nicht mehr möglich.

Auf dieser Stufe kommt die Wende: es gibt nicht mehr nur Unstimmigkeiten, sondern es entstehen richtige Feindseligkeiten.

5. Stufe: »Enthüllung« des Feindes

Die Konfliktparteien tun alles, um einander öffentlich bloßzustellen, um sich zu diffamieren. »Enthüllungen« bereiten sie publikumswirksam auf. Mit der »Demaskierung« des Gegners ist ein tiefes Gefühl der Abscheu verbunden. Das eigene, wahnhaft übersteigerte Selbstbild bedarf zunehmend des Feindes als teuflisches Gegenbild.

Die Vernunft ist in diesem Stadium praktisch ausgeschaltet. Es geht darum, die andere Partei bloßzustellen.

6. Stufe: Unverhüllte Drohungen

Die Konfliktparteien decken sich mit unverhüllten Drohungen ein. Um diesen Drohungen Nachdruck zu verleihen, legen sie sich gegenüber anderen Personen durch Absichtserklärungen fest – mit der Konsequenz, dass sie in eine verhängnisvolle Abhängigkeit geraten. Rückzugsmöglichkeiten gibt es nur noch um den Preis eines Gesichtsverlustes. Jetzt bleibt allein die Flucht nach vorn.

7. Stufe: Schlacht

Die Gegner sehen einander nur noch als »verdinglichte« Objekte, die ohne Skrupel manipuliert oder vernichtet werden können. Der Feind muss »unschädlich« gemacht werden. Noch sind die Zerstörungsaktionen (Diffamierungen, Schikanen, Sabotage) keine totalen Vernichtungsschläge: sie dienen der »Entmachtung«. Die Kontrahenten sind jedoch bereit, selbst schmerzhafte Niederlagen hinzunehmen, wenn sie nur die Gewissheit haben, dass der Schaden für die Gegenseite noch größer ausfällt.

Je weiter der Konflikt fortschreitet, desto mehr ist jeder bereit, eigenen Schaden hinzunehmen – wenn nur der Gegner noch größeren Schaden erleidet.

8. Stufe: Vernichtungsfeldzug

Die verfeindeten Parteien wollen nun den Gegner völlig vernichten. Nur ein Bedenken hält sie noch vom »totalen Krieg« ab: Die eigene Existenz soll nicht mit aufs Spiel gesetzt werden.

Zwar sind die Kontrahenten weitgehend zur Selbstaufopferung bereit, spekulieren aber noch auf das eigene Überleben. Erst wenn dieser letzte Vorbehalt auch noch fällt, ist das finale Stadium erreicht, ein »Gemetzel« beginnt.

9. Stufe: Kamikaze

Die Konfliktparteien führen totalen Krieg, ohne zwischen Gegnern, deren Sympathisanten und Neutralen zu unterscheiden. Sie wissen, dass sie sich damit selbst zum Untergang verurteilen, empfinden das aber wie einen höheren Zweck, der jedes Opfer rechtfertigt, denn die Vernichtung des Feindes ist zum einzigen Lebensziel geworden. Aus dieser Kamikaze-Mentalität beziehen sie noch im Sturz enorme zerstörerische Kräfte, aber auch starke Lustgefühle: Wir sind zwar erledigt, aber der Triumph ist vollkommen – der Feind ist ausgelöscht.

Konflikte haben oft eine Tendenz zur Eskalation, zu einer fortschreitenden Verschärfung. Die Konfliktparteien haben ihre spezifischen Filter und leiden dadurch oft unter Wahrnehmungsverzerrungen. Gemeinsamkeiten werden nicht erkannt, vordergründig Trennendes hingegen wird wahrgenommen.
Der Feind wird bekämpft, keine Partei ist zum Gespräch fähig und bereit – nichts geht mehr.

4.2 Stufen der konstruktiven Konflikteskalation

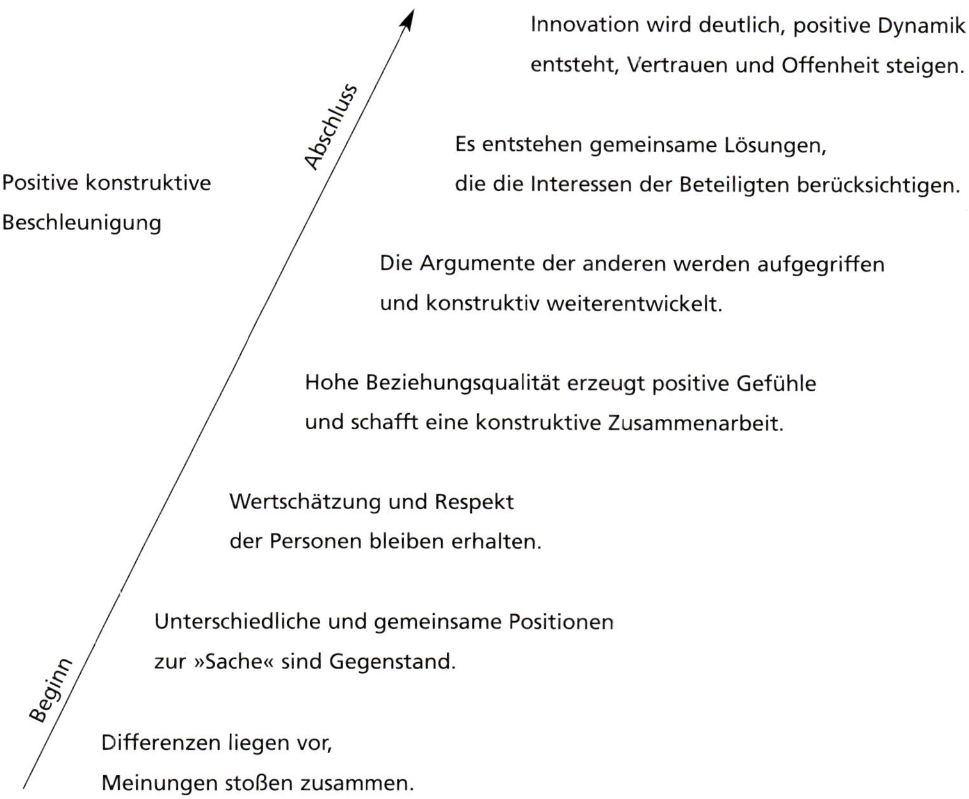

Kapitel 5

Konfliktlösung

- Konstruktive Konfliktlösungen bestehen aus vier einfachen Schritten. Folgen Sie diesen, um zu einem für alle befriedigenden Ergebnis zu kommen.
- In schwierigen, verfahrenen Situationen ist es empfehlenswert, das eigene Vorgehen nicht nur genau zu planen, sondern dieses auch einzuüben.
- Ganz wichtig ist eine gute Kommunikation sowie gekonntes Zuhören, denn in diesen Bereichen potenzieren sich Konflikte – oder lassen sich leicht entschärfen.

5.1 Ablaufschema für konstruktive Konfliktlösungen

Schritt 1: Analysieren

Klären Sie kritische Punkte.

Stellen Sie fest, wer die Beteiligten sind.

Spüren Sie Konfliktquellen auf.

Schritt 2: Planen

Erkennen Sie Ihre eigenen Verhaltensmuster.

Meiden Sie Fallgruben.

Planen Sie Ihre Vorgehensweise.

Schritt 3: Üben

Üben Sie Ihre Vorgehensweise und Ihr Verhalten.

Schritt 4: Durchführen

Führen Sie Ihren Plan aus.

Bewerten Sie die Ergebnisse.

Sorgen Sie für eine Nachbearbeitung.

Reflektieren Sie Ihr Vorgehen und Verhalten.

Schritt 1: Analysieren Sie die Konfliktsituation

Prüfen Sie, wo die beteiligten Personen mit Ihnen übereinstimmen und wo nicht. Verdeutlichen Sie sich auch insbesondere, wo schon oder noch Konsens besteht. Die Übereinstimmung in den verschiedenen Punkten wird in Konfliktsituationen leider zu oft und zu schnell unter den berühmten Teppich gekehrt.

Definieren Sie die Bereiche, wo Meinungsverschiedenheiten bestehen. Wo sind noch weitere Konfliktpotenziale vorhanden?

Prüfen Sie, welche Personen (Gruppen) ebenfalls ein starkes Interesse (welches?) an den Ergebnissen oder Differenzen haben.

Beschreiben Sie die unterschiedlichen Interessen, Ziele und Erwartungen, Informationsstände und Betrachtungsweisen.

Klären Sie für sich die vorherrschenden Gefühle und Emotionen der Beteiligten.

Diese Fragestellungen helfen Ihnen bei Ihrer Analyse weiter:

1. Was ist der Streitgegenstand/Konfliktinhalt?
2. Um welche Streitfragen geht es nun eigentlich?
3. Welche vorherrschenden Einstellungen sind feststellbar?
4. Welche Interessen und Bedürfnisse sind schon sichtbar oder zu vermuten?
5. Was setzen wir zur Lösung ein?
6. Wer streitet mit wem?
7. Wer ist noch am Konflikt beteiligt (direkt oder indirekt)?
8. Wer kann Einfluss auf die Parteien nehmen?
9. Welche grundsätzliche Konflikteinstellung haben die Beteiligten?
10. Welche Beziehungen und Positionen haben die Beteiligten zueinander (formell und informell)?
11. Welche konfliktrelevanten Verhaltensweisen erwarte ich?
12. Wie ist es dazu gekommen?
13. Was spielt sich momentan ab?
14. Auf welcher Konfliktstufe ist der Konflikt einzuordnen?

Was habe ich bisher wahrgenommen?

Vollziehen Sie für sich nach, wie Sie das bisherige Verhalten der Konfliktbeteiligten erlebt haben. Hier helfen Ihnen Ihre fünf Sinne: Was haben Sie visuell, auditiv, kinästhetisch, olfaktorisch oder gustatorisch wahrgenommen?

Je genauer und analytischer Sie die bisherigen Situationen beschreiben können, desto exakter können Sie sich auf das nächste Treffen einstellen und die geeignete Strategie und Verhaltensweise wählen.

> Wichtig für ein gutes Konfliktmanagement ist, sich auf das erkannte Verhalten seiner Konfliktpartner einzustellen, nicht sich anzupassen. Ziel ist also nicht, auf die gleiche Art und Weise zu reagieren. Lassen Sie es nicht zu, dass andere Ihre Gefühle und Verhaltensweisen bestimmen und manipulieren.

Hinweise auf Konfliktsituationen

Auf bestehende Konflikte können viele verschiedene Verhaltensweisen hindeuten. Als Indikatoren steht ein breites Spektrum zur Verfügung.

Konflikte äußern sich im Anfangsstadium durch Befangenheit im Verhalten. Ausweichen oder besondere Formalität im Umgang miteinander sind typisch.

Flucht: Der Versuch, einer Person oder Gruppe gezielt auszuweichen. Häufig kommt es auch zur Abgrenzung von bestimmten Personen innerhalb von Gruppen (dieses Verhalten finden wir oft in typischen Mobbing-Situationen). Wir können immer wieder beobachten, wie auch die Verlagerung der Auseinandersetzung auf andere übertragen wird. Bei allen Beteiligten kommen massiv negative Emotionen hoch.

Formalität: Diese Situation ist durch distanzierte Freundlichkeit und genaues Einhalten der notwendigen »Etikette« gekennzeichnet. Fallweise handelt es sich schon um verdeckte Aggressivität.

Überkonformität: Diese ist dadurch gezeichnet, dass Auseinandersetzungen generell vermieden werden. Es gibt weder kritische Bemerkungen noch eigene Ideen. Es herrscht eine vorsichtige, »glatte«, angepasste Ausdrucksweise vor. Situationen werden beschönigt dargestellt oder verniedlicht.

Sturheit und Uneinsichtigkeit: Hier dominiert egozentrisches, rechthaberisches Verhalten. In Unternehmen kann das bedeuten: Dienst nach Vorschrift bis hin zur Arbeitsverweigerung.

Ablehnung und Widerstand: Hier wird ständig widersprochen. Es gibt viele Gegenfragen. Menschen formulieren gereizte Bemerkungen. Dies führt zu einem gespannten Klima und unerwünschten Reaktionen.

Aggressivität und Feindseligkeit: Startet meist mit ärgerlichen, bösen Blicken. Es werden abwertende Bemerkungen formuliert. Aussagen gehen direkt auf die Beziehungsebene, um den möglichen Gegner anzugreifen und zu verletzen. Ein beliebtes Mittel ist auch das absichtliche Provozieren von Missverständnissen und bewusstes »Mauern«.

> **Hinter jedem Verhalten steht die Einstellung der beteiligten Personen und deren Konfliktverständnis.**

Beobachtungsbogen für Konfliktgespräche

Mit Hilfe dieses Beobachtungsbogens können Sie Ihre Wahrnehmung schärfen und sich genauer auf die Situation einstellen:

Kooperatives und konfliktminderndes Verhalten	**Ausprägung** schwach						stark
Hört dem Gesprächspartner zu	1	2	3	4	5	6	7
Fragt nach, wenn etwas unklar geblieben ist	1	2	3	4	5	6	7
Nimmt die Äußerungen des anderen auf und bindet sie ein	1	2	3	4	5	6	7
Stellt seine eigene Sicht und sein Ziel verständlich dar	1	2	3	4	5	6	7
Verbalisiert seine Wünsche und Gefühle in der Diskussion	1	2	3	4	5	6	7
Betont die Gemeinsamkeiten	1	2	3	4	5	6	7
Bemüht sich, eine gemeinsame Lösung zu finden	1	2	3	4	5	6	7
Lässt die Äußerungen des anderen kurz auf sich wirken, bevor er reagiert	1	2	3	4	5	6	7
Erkennt und berücksichtigt die Gefühle des anderen	1	2	3	4	5	6	7
Teilt mit dem Gesprächspartner Erfolgserlebnisse	1	2	3	4	5	6	7
Reagiert maßvoll auf Angriffe	1	2	3	4	5	6	7
Lässt sich von Argumenten überzeugen	1	2	3	4	5	6	7
Spricht in der Ich-Form und vermeidet persönliche Angriffe	1	2	3	4	5	6	7
Unterlässt Pauschalierungen und Polarisierungen	1	2	3	4	5	6	7

Schritt 2: Planen Sie Ihre Vorgehensweise

Prüfen Sie noch einmal, welche charakteristischen Stile Sie sich im Lauf der Jahre im Umgang mit Konflikten erworben und wie Sie diese eventuell verfeinert haben. Ziel ist, das eigene Verhaltensmuster zu erkennen.

Überlegen Sie sich dann eine geeignete Strategie. Hüten Sie sich aber in jedem Fall davor, rigide, unentschlossen, aufdringlich oder zu distanziert zu sein. Anschließend durchdenken und planen Sie Ihre Strategie.

Fokussieren Sie Ihren strategischen Plan. Sammeln Sie Ihre Argumente und legen Sie die Bandbreite Ihrer Möglichkeiten fest. Damit es Ihnen gelingt, gemeinsame Ziele voranzutreiben und die Akzeptanz der Beteiligten zu erhalten, prüfen Sie, welche Maßnahmen erforderlich sind und wie Sie die vorhandenen Ressourcen effizient nutzen können.

Schreiben Sie sich zum Beispiel das beschriebene Phasenkonzept.

Phasenkonzept

	Phasen	Fragestellungen	Arbeitsschritte
1	Darstellung der Ist-Situation	Worum geht es? Was sind die Faktoren?	____________ ____________ ____________
2	Analyse der Kernprobleme	Wo klemmt's? Was ärgert und nervt?	____________ ____________ ____________
3	Zielformulierung	Was genau will ich erreichen?	____________ ____________ ____________
4	Entwicklung von Lösungsideen	Welche Möglichkeiten gibt es?	____________ ____________ ____________
5	Bewertung, Entscheidung, Konzeptgestaltung	Welche Alternative ist die beste? Wie sieht die Umsetzung konkret aus?	____________ ____________ ____________ ____________
6	Maßnahmenplan zur Realisierung	Was ist zu tun? Wie und bis wann? Wer tut was?	____________ ____________ ____________

Bitte beachten Sie die Moderationsschritte:

1. Klären, 2. Sammeln, 3. Ordnen, 4. Werten, 5. Handeln

Schritt 3: Üben Sie Ihre Vorgehensweise und Ihr Verhalten

Hier unterscheidet sich der Profi vom Amateur. Der Profi (und das gilt für jeden Lebensbereich) ist bereit, die gewünschte Vorgehensweise und das entsprechende Verhalten intensiv zu üben. Amateure reden über Dinge, aber üben nicht. Deshalb bleiben sie Amateure.

Ganz entscheidend für den Erfolg ist das Üben. Das gilt gerade auch für Konfliktlösungsstrategien.

Das für mich beeindruckendste Beispiel einer profihaften Vorgehensweise habe ich in einer großen amerikanischen Anwaltskanzlei erlebt: In der Vorbereitungsphase auf einen großen und wichtigen Prozess spielte das Anwaltsteam immer wieder die Prozesssituation in den verschiedenen Strategien und Varianten durch. Damit die Übung einen realen Rahmen bekam, wurden nicht nur die verschiedenen Rollen mit Realpersonen (tatsächliche Richter, Geschworene, Staatsanwalt, Anwälte) besetzt, sondern es wurde sogar der Gerichtssaal 1:1 nachgebaut. In diesem Szenario und dem Setting konnten die Anwälte sich in wochenlangen Übungen optimal auf den »Showdown« vorbereiten. Das Ergebnis für ihren Mandanten bestätigte die Richtigkeit der Vorgehensweise.

> Üben Sie. Spielen Sie die Vorgehensweise Ihrer geplanten Konfliktlösung mit Freunden oder Menschen, denen Sie vertrauen, probehalber durch. Nur so erlangen Sie die Möglichkeit, in der Echtsituation gekonnt und überlegt zu agieren. Nutzen Sie die Chance, von den Ihnen wohl gesonnenen Menschen ein ehrliches Feedback zu Ihrer Vorgehensweise und Ihrem Verhalten zu bekommen.

Schritt 4: Durchführen

Nun geht es darum, Ihren Plan auszuführen. Schaffen Sie eine produktive und emotional positiv besetzte Atmosphäre. Machen Sie sich und den Beteiligten noch einmal deutlich, dass Sie an einer positiven Konfliktlösung interessiert sind. Sorgen Sie dafür, dass eventuell vorhandene zeitliche Begrenzungen transparent sind. Bereiten Sie die Möglichkeit einer Dokumentation der erreichten Ergebnisse vor.

So gehen Sie vor

- Stimmen Sie sich positiv ein. Kontrollieren Sie, wenn nötig, Ihre vorhandene Erregung. Bringen Sie Ihre Gefühle unter Kontrolle.
- Stellen Sie Kontakt zur anderen Konfliktpartei her. Sie benötigen eine stabile »Beziehung« zu Ihren Partnern, um Vertrauen bilden zu können.
- Betonen Sie die Gemeinsamkeiten und das bisher Erreichte noch einmal deutlich. Stellen Sie klar, das Sie sich für eine einvernehmliche Lösung des Konfliktes engagieren wollen.
- Benennen Sie das Problem, das den Anlass für den Konflikt darstellt, aus Ihrer Sicht.

- Lassen Sie jetzt die andere Konfliktpartei mit Ihrer Sichtweise der Angelegenheit zu Wort kommen – ... und hören Sie gut zu!
- Geben Sie wieder, was Sie verstanden haben. Verwenden Sie Paraphrasierungen und Verbalisierungen (vgl. Seite 119).
- Nun beginnt die Suche nach der gemeinsamen Problemlösung. (Nutzen Sie die in Kapitel 5.2.3 »Konfliktarme Kommunikation« dargestellten Gesprächstechniken.)
- Bewerten Sie die Ergebnisse. Prüfen Sie, ob Sie das gewünschte Ziel erreicht haben. Durchdenken Sie noch einmal, was Sie mit der Lösung erreichen (insbesondere die positiven Aspekte). So geben Sie dem Ergebnis den entsprechenden Rückhalt. Nun ist es eher möglich, sich an veränderte oder neue Umstände anzupassen und entsprechende Maßnahmen zu treffen.
- Wenn Sie eine Lösung gefunden haben, treffen Sie eine Vereinbarung. Diese muss klar und eindeutig sowie widerspruchsfrei und positiv formuliert sein.
- Definieren Sie, wie das Ergebnis überprüft, gemessen und bewertet werden kann. Vereinbaren Sie konkrete Fristen und Termine.
- Diskutieren Sie abschließend, was passiert, wenn ... Die Konsequenzen für diejenigen, die sich nicht an die Vereinbarung halten, sollten jetzt festgelegt werden.
- Beenden Sie das Gespräch mit einer positiven Würdigung des Verhaltens Ihrer Partner (z. B. Entgegenkommen, kooperatives Verhalten, Lösungsbeiträge etc.) und schließen Sie mit einem Dank ab.

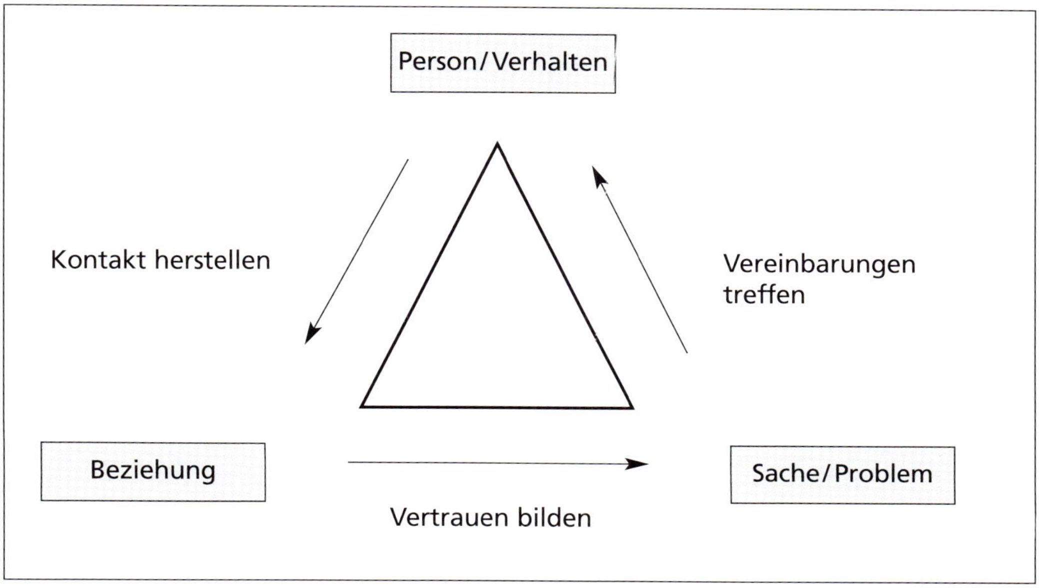

Eine gute Beziehung erleichtert es, Vereinbarungen zu treffen.

5.2 Konfliktlösungsstrategien

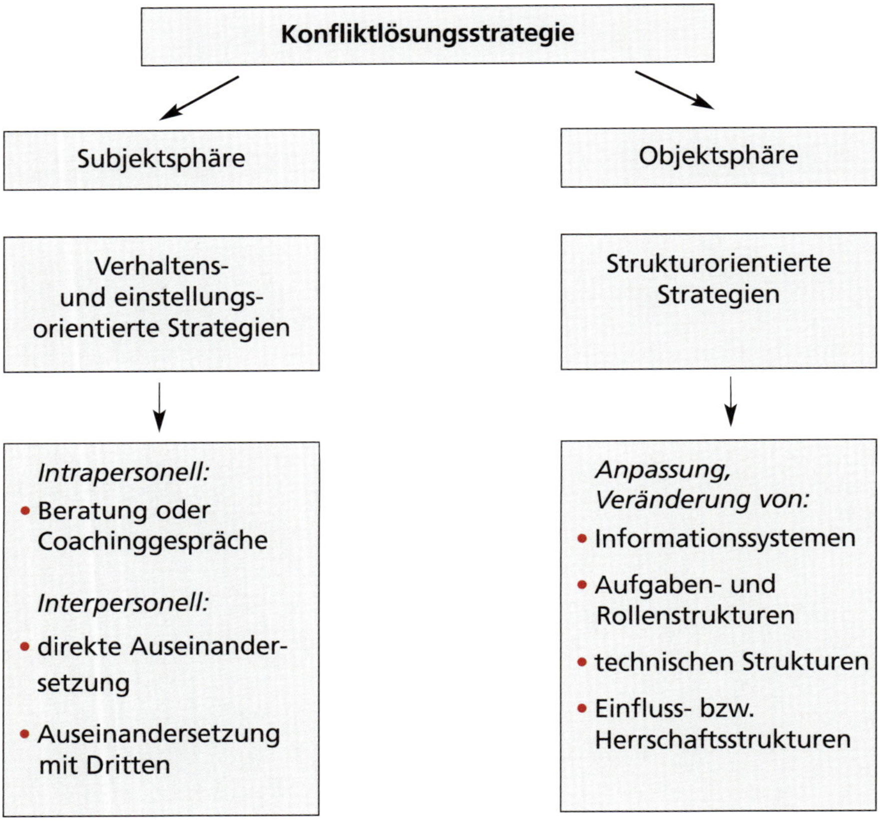

Bearbeitungsstrategien

Es ist festzustellen, dass verhaltens- und einstellungsorientiertes Konfliktmanagement mehr auf die »Subjektsphäre« und strukturorientiertes Konfliktmanagement mehr auf die »Objektsphäre« der Konfliktparteien zielt. Beide »Sphären« werden zwar durch die Konfliktparteien miteinander verknüpft und stehen somit in engem Zusammenhang, erfordern jedoch unterschiedliche Interventionsmethoden.

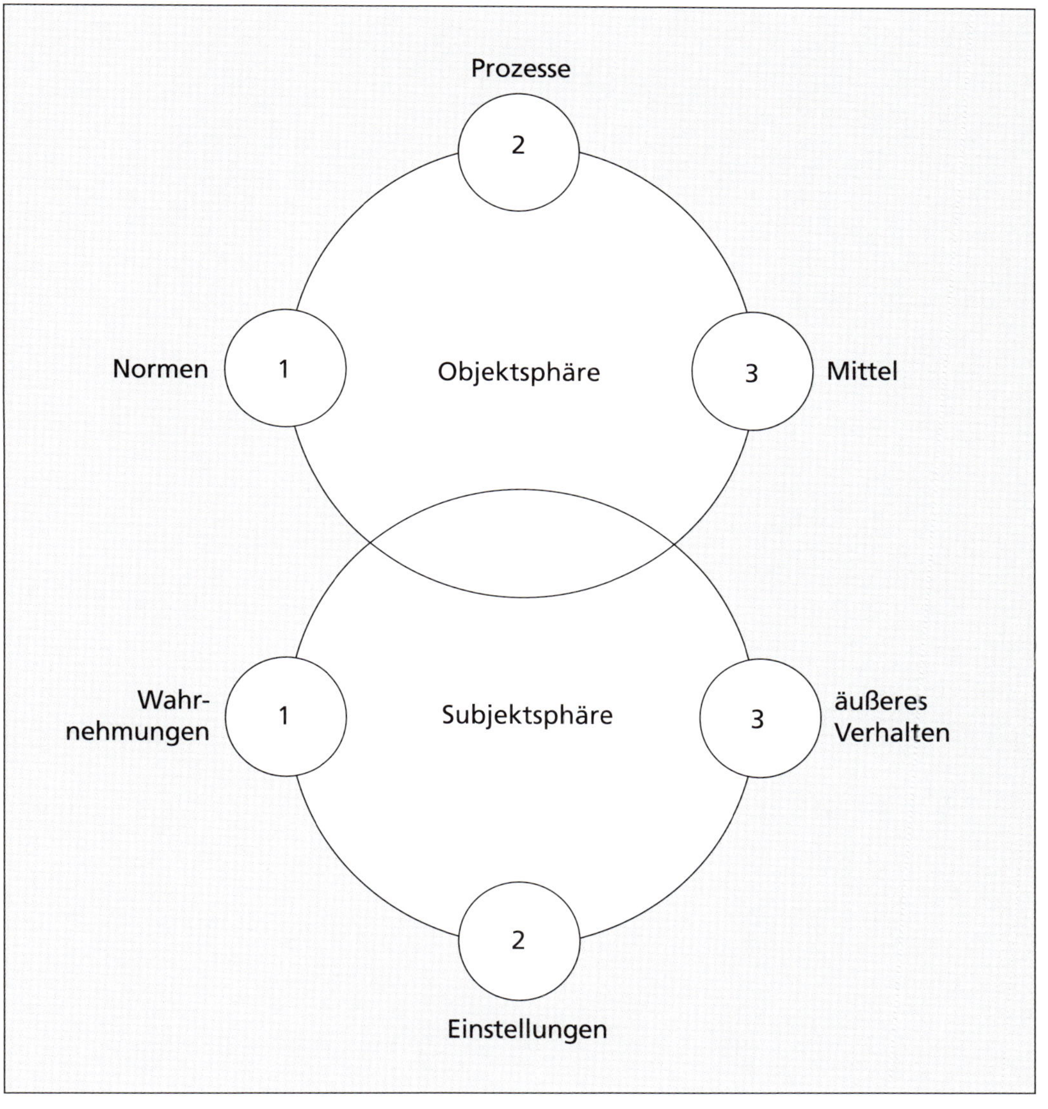

Hauptaspekte der Objektsphäre und der Subjektsphäre

5.3 Konfliktarme Kommunikation

Wirkliches Verständnis und Empathie bilden die Grundlage für eine gemeinsame Problemlösung.

Die Erfolgsvoraussetzungen, um möglichen Konflikten präventiv zu begegnen und bereits entstandene Konflikte zielgerichtet zu lösen, liegen in der zwischenmenschlichen Kommunikation. Greifen Sie auf die bewährten Techniken der konfliktarmen bzw. konfliktverhindernden Kommunikation zurück. Alle Techniken verfolgen das Ziel, genaues Verstehen und somit Verständnis zwischen den Beteiligten zu erhalten – oder wiederherzustellen.

Eine intakte Beziehung bietet die größte Chance für einen wirklichen Konsens. Die Basis für eine intakte Beziehung wiederum ist die gelungene und stimmige Kommunikation. In Unternehmen und in Partnerschaften wird eine nicht ausreichende oder gestörte Kommunikation als häufigste Konfliktursache genannt.

Der wohl wichtigste Erfolgsfaktor für gelungene Kommunikation ist gekonntes Zuhören.

> **Gutes und richtiges Zuhören ist die beste Konfliktprävention, aber: Ein Mensch, der gut zuhören kann, hat Seltenheitswert.**

5.3.1 Gekonntes Zuhören

Prof. Schulz von Thun hat folgendes Modell entwickelt:

Wir hören mit verschiedenen Ohren. Da jede Nachricht mindestens vier verschiedene Informationen enthalten kann, liegt die Verantwortung für das, was wir hören, nicht nur bei dem, der spricht, sondern auch bei demjenigen, der hört. Wir haben zumindest theoretisch die Freiheit, das zu wählen, was wir hören wollen, das heißt, welche Seite der Nachricht wir für uns für die wichtigste erachten.

Der Verlauf unseres Gespräches wird wesentlich dadurch beeinflusst, auf welche Mitteilung wir wie reagieren. Das wird in einer Konfliktsituation besonders brisant, da sich hier Probleme und Missverständnisse schnell verstärken. In Anspannungssituationen verliert die Sachinformation häufig schnell an Bedeutung, und eine andere Seite der Nachricht erhält ein Übergewicht.

Die vier Seiten einer Nachricht und was sie bedeuten können

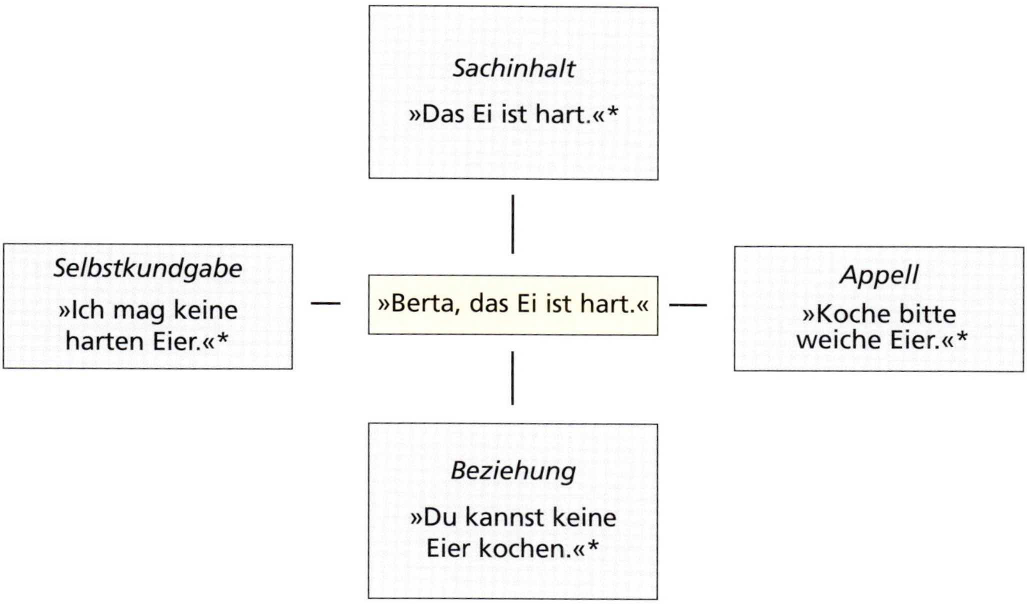

* mögliche Interpretationen

Jede Mitteilung enthält (mindestens) vier Seiten:

	Sender	Empfänger
Sachinhalt	Worüber ich informiere	Wie ist die Sache zu verstehen?
Selbstkundgabe	Was ich von mir kundgebe	Was ist mit ihm?
Beziehung	Was ich von Dir halte oder: Wie ich zu dir stehe	Wen glaubt er vor sich zu haben? Wie redet der mit mir?
Appell	Wozu ich Dich veranlassen möchte	Was soll ich tun, denken, fühlen?

Übung: Die vier Seiten einer Nachricht

Mit Hilfe dieser Übung können Sie Ihre Interpretation in den vier Bereichen üben und gleichzeitig überprüfen, ob eine Seite für Sie besonders dominant ist.

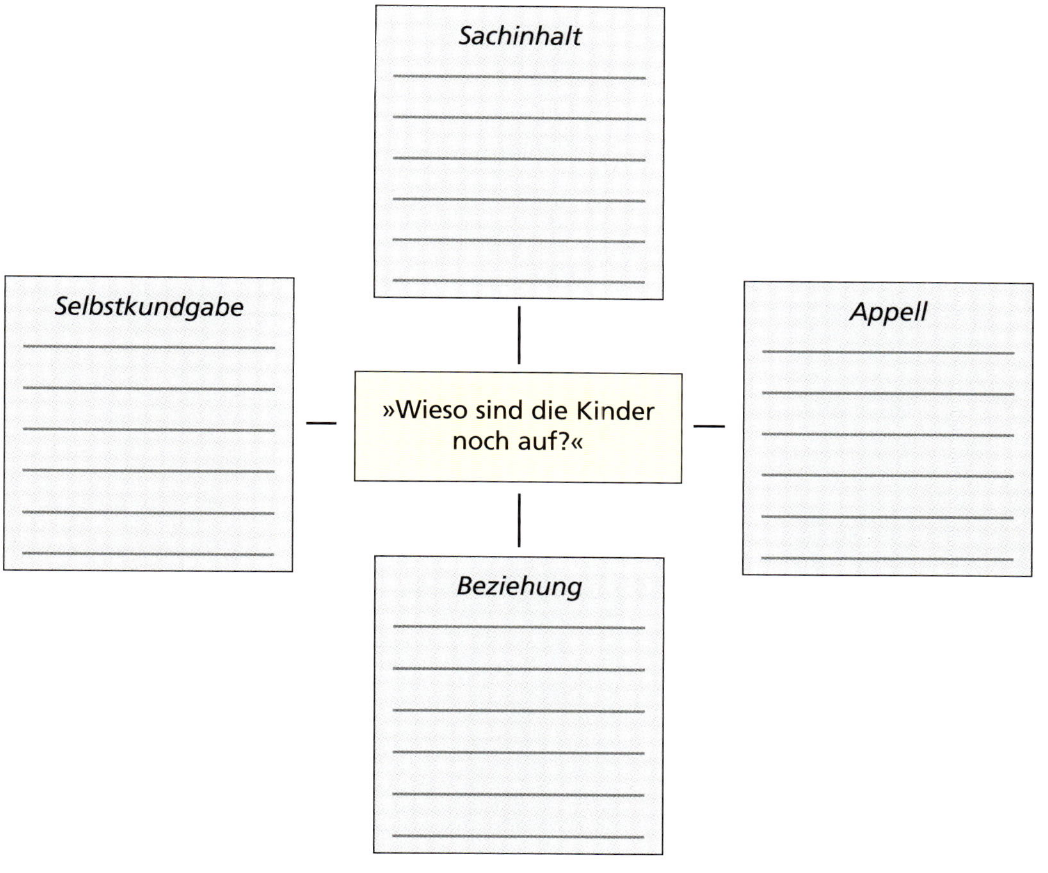

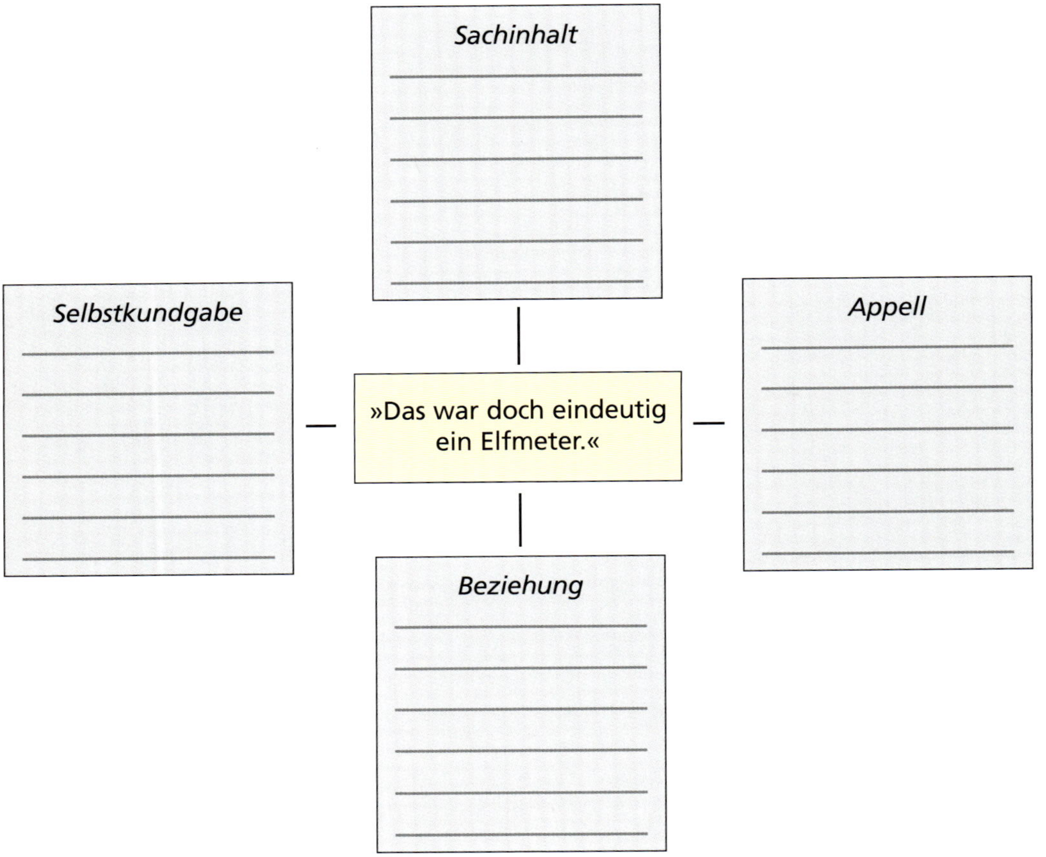
Sachinhalt
Selbstkundgabe
»Das war doch eindeutig ein Elfmeter.«
Appell
Beziehung

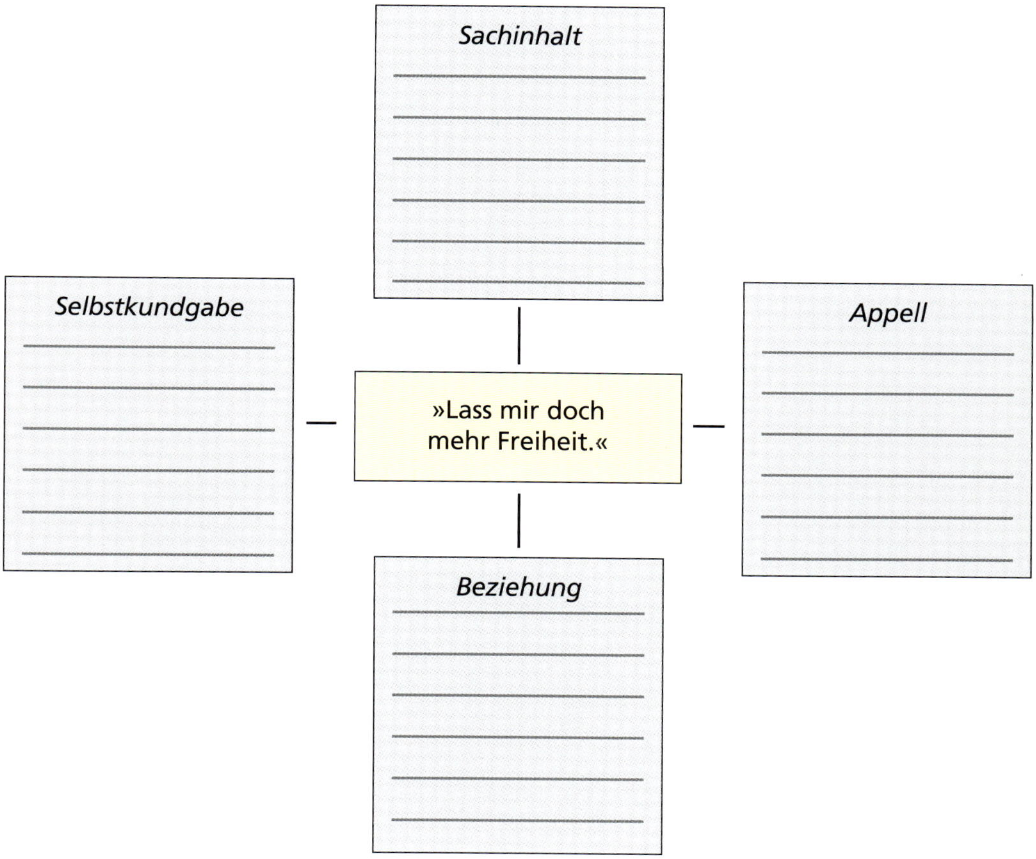
Sachinhalt
Selbstkundgabe
»Lass mir doch mehr Freiheit.«
Appell
Beziehung

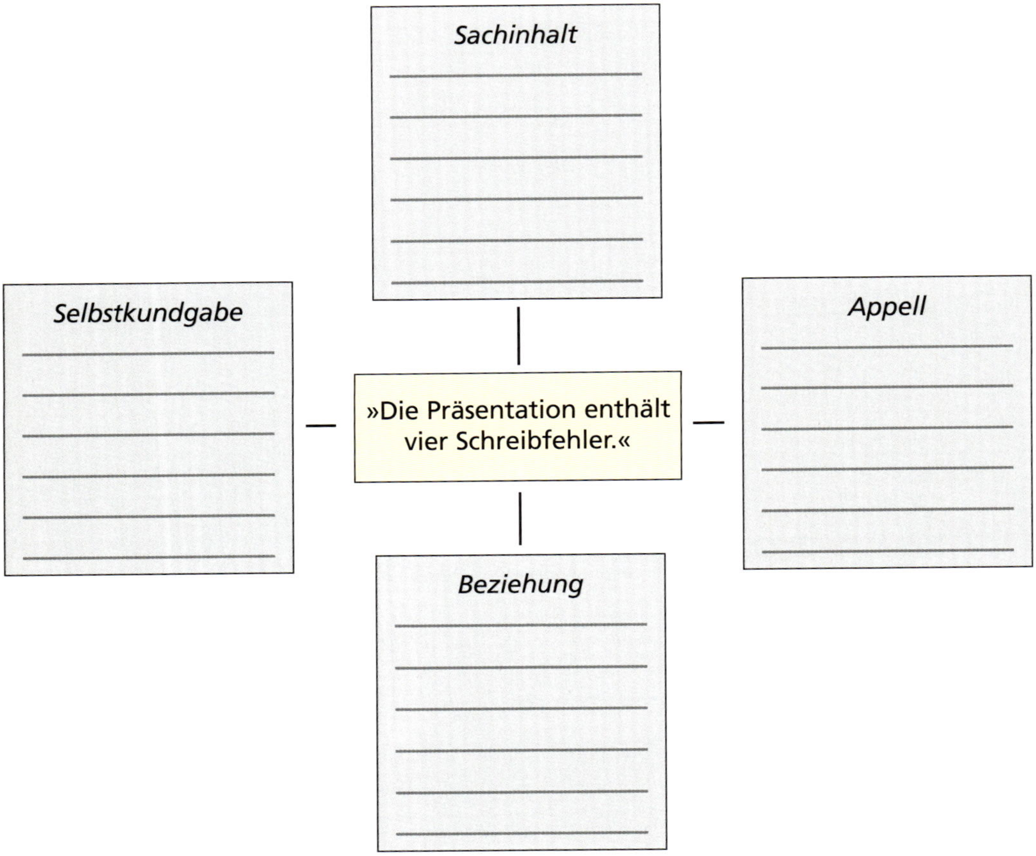
Sachinhalt
Selbstkundgabe
»Die Präsentation enthält vier Schreibfehler.«
Appell
Beziehung

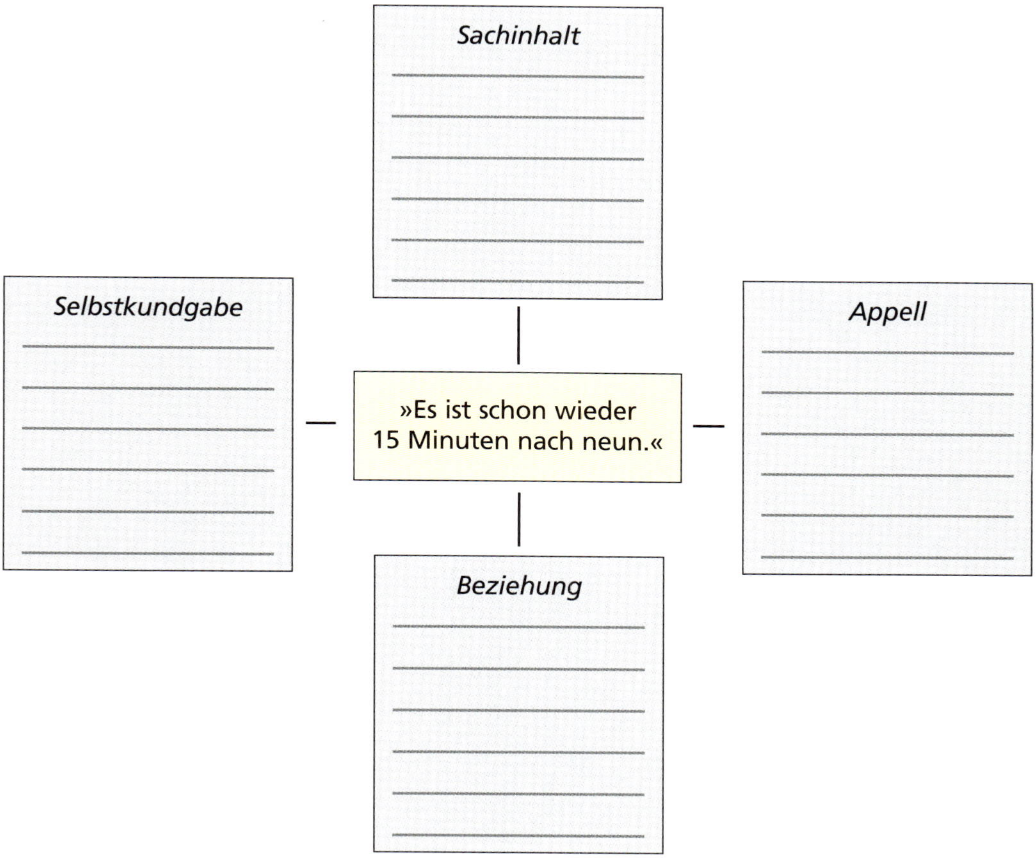
Sachinhalt
Selbstkundgabe
»Es ist schon wieder 15 Minuten nach neun.«
Appell
Beziehung

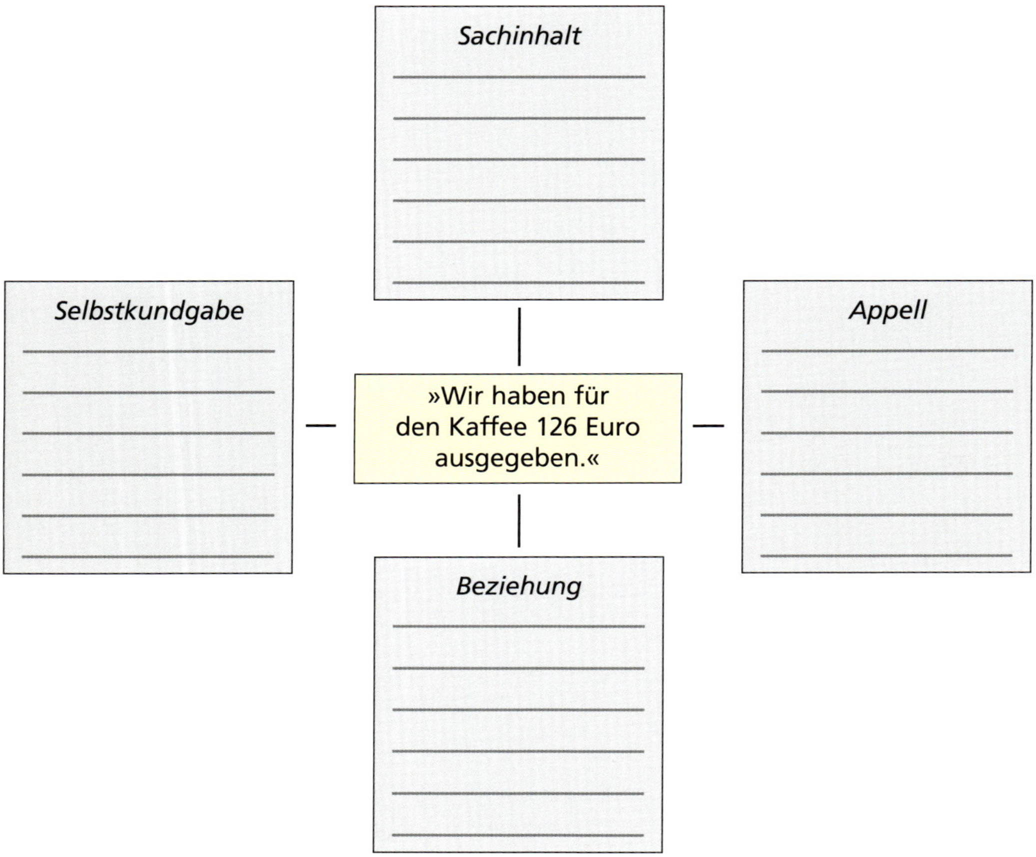
Sachinhalt
Selbstkundgabe
»Wir haben für den Kaffee 126 Euro ausgegeben.«
Appell
Beziehung

Selektives Hören

Es gibt Menschen, die sind je nach Situation auf verschiedenen Ohren taub und nehmen jeweils nur eine spezifische Seite wahr. Andere Menschen haben »chronische« Ohren. Sie nehmen zum Beispiel jede noch so neutral formulierte Botschaft auf dem Beziehungsohr oder Appellohr wahr.

Aufgrund dieser Tatsache besteht die große Gefahr, dass wir aneinander vorbeireden und so erste Missverständnisse entstehen. Missverständnisse sind häufig schnelle und direkte Fahrstühle in den Konflikt.

Versuchen Sie im Konfliktfall immer alle vier Seiten einer Nachricht wahrzunehmen und zu prüfen.

Häufig liegt die Lösung gerade in der Botschaft, die Sie vorzugsweise überhören ...

Aktives Zuhören

Wir alle kennen diese wenigen guten Zuhörer, die bei vielen Menschen sehr beliebt sind. Machen Sie sich bewusst, dass es einen Unterschied zwischen Hinhören und Zuhören gibt. Aktives Zuhören bedeutet, immer wieder zu versuchen, den Gesprächspartner und seine Meinung zu verstehen. Das erfordert, sich in den Gesprächspartner einzufühlen. Aktives Zuhören bedeutet, auf das Gespräch konzentriert zu sein und im Gespräch mitzudenken. Das Mitdenken und die Konzentration auf den Partner wird dieses als Aufmerksamkeit und Wertschätzung bemerken und darauf entsprechend positiv reagieren.

Bedeutung der nonverbalen Kommunikation

Dass Sie aktiv zuhören, machen Sie durch Ihre Körpersprache und Ihr gesamtes nonverbales Verhalten deutlich. Die nonverbalen Botschaften werden durch Blickkontakt, Gestik, Mimik, Haltung und Distanz vermittelt.

Die Kommunikationstheorie sagt, dass bis zu 80 % der Informationen, die zwischen Menschen ausgetauscht werden, non- oder paraverbal (paraverbal = durch Modulation, Lautstärke, Stimme, Tempo) vermittelt werden. Das bedeutet für uns: Wenden Sie hier vermehrt Aufmerksamkeit auf. Ihr Gesamtbild wird stimmig, wenn Ihre sprachliche Aussage und Ihre nichtsprachliche Botschaft kongruent sind.
Ist das nicht der Fall, ist zu befürchten, dass die nonverbale Botschaft den Inhalt Ihrer Aussage überlagert und dominiert.

Sie können beobachten, dass in Situationen, in denen eine ähnliche oder gar die gleiche Wellenlänge zwischen Menschen vorherrscht, auch eine ähnliche Körpersprache gezeigt wird.

Eine gute Beziehung herstellen

Besteht zwischen den Personen, die in Kontakt sind, eine positive Atmosphäre – geprägt durch Respekt und Vertrauen –, so spricht man von Rapport. Die Grundlage für einen gelungenen Rapport ist in erster Linie die Fähigkeit eines Menschen, sich in sein Gegenüber einzufühlen (was als Empathie bezeichnet wird). Rapport kann durch Techniken wie Pacing (Angleichen) oder Leading (Führen) hergestellt werden.

Pacing – Angleichen – können Sie gezielt unterstützen, indem Sie den Ausdruck Ihres Gesprächspartners »spiegeln« oder sich angleichen. Das kann sich auf verbales oder nonverbales Verhalten beziehen. Im nonverbalen Bereich sind es insbesondere die Kriterien Körperhaltung, Atmung, Gesichtsausdruck; im paraverbalen Verhalten sind dies Stimme, Stimmlage, Tonlage, Sprechtempo und Pausen.

Im verbalen Verhalten können Sie spiegeln, indem Sie die Wortwahl Ihres Gesprächspartners übernehmen oder indem Sie verbalisieren, d. h. die Bedeutung seiner Aussage in den verschiedenen Dimensionen wiedergeben.

5.3.2 Techniken, die das aktive Zuhören erleichtern und dokumentieren

1. Inhaltliche Rückmeldung / Paraphrasieren

Sie fassen zusammen und wiederholen die Aussage Ihres Gegenübers mit den eigenen Worten. Sie stellen so sicher, dass Sie ihn inhaltlich richtig verstanden haben, und belegen, dass Sie aktiv zugehört haben.

Beispiel:

»Ich habe Sie so verstanden, dass es Ihnen primär auf die Qualität und weniger auf den engen Zeitplan ankommt.«

2. Gefühle wiedergeben / Verbalisieren

Sie wiederholen das Verstandene mit Ihren eigenen Worten, geben aber zusätzlich die wahrgenommenen Gefühle und Emotionen Ihres Gesprächspartners wieder. Ihr Gesprächspartner kann so entscheiden, ob seine Mitteilung richtig bei Ihnen angekommen ist.

Beispiel:

»Ich habe aufgenommen, dass das Projekt nicht in dem geplanten Zeitraum fertig geworden ist. Das hat Sie maßlos geärgert und Sie sind enttäuscht darüber, dass unsere Zusage nicht eingehalten wurde.«

Das Verbalisieren von Gefühlen ist als Frage oder Feststellung möglich.

Frage:

- »Darf ich daraus schließen …?«
- »Sehe ich das richtig …?«
- »Sind Sie der Meinung …?«
- »Meinen Sie …?«
- »Habe ich Sie richtig verstanden …?«

Feststellung:

- »Sie finden, dass …«
- »Mit anderen Worten …«
- »Sie spüren …«
- »Sie meinen …«
- »Sie empfinden …«
- »Sie glauben …«

3. Nachfragen

Die Aussagen Ihres Gesprächspartners versuchen Sie durch Nachfragen für sich zu klären und zu verstehen.

Beispiel:

»Ist es richtig, dass Sie die Maßnahme aus politischen Gründen anders entschieden haben?«

4. Zusammenfassen

Ihr Gesprächspartner hat einen längeren Redeanteil gehabt. Sie stellen das Gehörte und Verstandene in geraffter Form mit wenigen Worten noch einmal dar.

Beispiel:

»Ist es richtig, dass es Ihnen primär auf Funktionssicherheit und Zweckmäßigkeit ankommt und Sie dafür bereit sind, im Design einige Abstriche hinzunehmen?«

5. Klären

Sollte Ihr Gesprächspartner etwas im Unklaren gelassen haben, versuchen Sie, dieses für alle Beteiligten noch einmal deutlich zu machen.

Beispiel:

»Sie haben gesagt, dass Ihnen die Abweichung sofort deutlich geworden ist und dass Sie dies auch angesprochen haben. Taten Sie das am gleichen Tag, und haben Sie das auch mit Herrn XY besprochen?«

6. Weiterführen

Ihr Gegenüber hat sich noch nicht zu Ende erklärt. Sie wollen aber den Gesprächsfluss erhalten.

Beispiel:

»Sie haben die Situation besprochen. Wie hat sich dann Ihr Gegenüber verhalten?«

7. Abwägen

Ihr Gesprächspartner hat verschiedene Alternativen angeboten. Sie suchen nun den Vorschlag, der Ihnen am besten gefällt.

Beispiel:

»Was müsste ich tun und was wären die Konsequenzen, wenn ich mich für die Variante A entscheide?«

> Die Fähigkeit, so zu agieren, dass der andere sich verstanden fühlt, ist eine wichtige Voraussetzung der Konfliktlösungskompetenz.

5.3.3 Du-/Ich-Botschaften

Eine weitere Grundlage der konfliktarmen Kommunikation ist das Formulieren von Ich-Botschaften. Was genau sind Du- oder Ich-Botschaften?

Du-Botschaft (konfliktträchtig)

Sie verhindert den für die Konfliktlösung notwendigen Austausch zwischen den Innenwelten der beteiligten Gesprächsparteien. Damit trägt sie maßgeblich zum unproduktiven Schlagabtausch bei. Sie lenkt vom Sender und seiner Befindlichkeit ab, macht ihn unnahbar. Sie transportiert einen Vorwurf und stoppt so die Gesprächsbereitschaft des für »schuldig« erklärten Empfängers. Ein fairer Dialog kann nicht entstehen.

Eine Du-Botschaft verbaut den Weg zu stimmiger (authentischer) Kommunikation zwischen beiden Sprechern und damit zur Klärung ihrer Beziehung.

Beispiele:

»Du unterbrichst immer meinen Gedankengang, so kann ich mich nicht konzentrieren…«

»Ihnen kann man nichts recht machen, immer haben Sie etwas zu kritisieren…«

Ich-Botschaft (konfliktarm)

In der Form von Ich-Botschaften ist ein fairer Dialog möglich. Der Sender eröffnet dem Empfänger seine (subjektive) Sicht der Lage, statt ihm die Verantwortlichkeit dafür zu übertragen. Dieser wiederum hat ausreichenden Raum für eine entsprechende Klarstellung seiner (subjektiven) Sicht. Keiner von beiden erhebt den Anspruch auf unverrückbare, wahrheitsgetreue »Wahrnehmung« der Dinge, denn beide sind sich ihrer Subjektivität, d. h. ihrer individuellen Prägung, bewusst.

Die Ich-Botschaft setzt voraus:

- dass beide sich ihrer Wahrnehmungen, Gefühle und Wünsche bewusst sind,
- dass beide einander denselben Geltungsanspruch gewähren (Raum),
- dass beide die Innenwelt des anderen als eigenes Wertesystem anerkennen,
- dass beide ihre Beteiligung an der Konfliktdynamik (Teufelskreis) anerkennen.

Beispiele:

»Ich bin enttäuscht, dass meine Vorschläge zur Ablaufoptimierung nicht in der nötigen Konsequenz umgesetzt werden …«

»Das Ergebnis, das erzielt wurde, macht mich betroffen und traurig. Ich wünsche mir einen intensiveren Gedankenaustausch im Vorfeld …«

Übung Du- und Ich-Botschaften

Situation und Botschaft	Welche Du-Botschaft ist besser?
Sie machen eine Vertretung für eine Kollegin. Diese ist nicht so ordentlich wie Sie. Auf ihrem Schreibtisch finden Sie Unterlagen erst nach langem Suchen. Ihre Botschaft: *»Du bist der unordentlichste Mensch den ich kenne.«*	
Sie erfahren, dass eine Kollegin eine persönliche Mitteilung von Ihnen weitererzählt hat. Ihre Botschaft: *»Dir kann man wirklich nichts anvertrauen.«*	
Ein Mitarbeiter platzt in Ihr Büro. Sie sind gerade am Telefonieren mit einer anderen Abteilung und können kaum noch verstehen, was gesagt wird. Ihre Botschaft: *»Sie sollten lernen, Rücksicht zu nehmen.«*	

Die Ich-Botschaft als Beschreibung. Also das, was das Verhalten der anderen Person bei mir auslöst: Eindrücke, Gefühle, Gedanken und Bedürfnisse.

Situation und Botschaft	**Welche Ich-Botschaft ist besser?**
Ein Arzt fällt Ihnen mehrfach in einem Gespräch ins Wort und übernimmt die Redeführung. Ihre Botschaft: *»Sie benehmen sich wie ein Gott in Weiß.«*	
Eine Kollegin geht Ihrer Meinung nach sehr unfreundlich mit einem Kunden um. Dieser beschwert sich bei Ihnen, dass »man« in diesem Geschäft schlecht behandelt wird. Ihre Botschaft: *»Du bist sehr launisch. Lass Deine schlechte Laune nicht an unseren Kunden aus.«*	
Eine Kollegin überzieht ihre Pause regelmäßig und verschwindet ab und zu, um eine Zigarette zu rauchen. Ihre Botschaft: *»Du machst Dir hier ein faules Leben, während ich die ganze Arbeit mache.«*	

5.3.4 Der Weg zur gewaltfreien Kommunikation

Die gewaltfreie Kommunikation wurde von dem amerikanischen Psychologen Dr. Marshall Rosenberg entwickelt. Er suchte nach einer Kommunikationsform, die Menschen verbindet und nicht trennt.

Worte können Türen oder Mauern bilden.

Wir erleben in unserer täglichen Welt, dass Menschen oft durch Worte verletzen. Diese Worte – oft unbedacht ausgesprochen – sind vergleichbar mit abgeschossenen Pfeilen. Man kann sie nicht zurücknehmen. Sie hinterlassen Narben. Nicht immer ist dies die Absicht. Aber häufig führen sie zu Missverständnissen, zu Verwechslungen oder verletzenden Vorwürfen. Genau hier setzt die gewaltfreie Kommunikation an. Sie ist durch tagtägliche Erfahrung entstanden.

Rosenberg sagt dazu: »Unsere Handlungen sind darauf gerichtet, unsere Bedürfnisse zu erfüllen oder erfüllt zu bekommen. Wir können unsere Bedürfnisse auf Kosten der Bedürfnisse anderer erfüllen oder durchsetzen, indem wir andere Personen zwingen, bestrafen, bedrohen, erpressen, sie körperlich oder seelisch verletzen. Auch sie zu bewerten, zu kritisieren und zu bevormunden sind Wege der Gewalt.«

Mit der Anwendung von gewaltfreier Kommunikation, mit der Art und Weise, wie wir miteinander kommunizieren, schaffen wir eine Basis, um in Konfliktsituationen gemeinsame Lösungen zu finden. Klar zu kommunizieren schaffen wir, indem wir unsere Beobachtung von unserer persönlichen Bewertung trennen und auf eine Kommunikationsform setzen, die auch die Wünsche, Nöte und Bedürfnisse der anderen Personen einschließt. Auch hier ist die Grundvoraussetzung, dass wir bei gegensätzlichen Standpunkten die »Sache« von der »Person« trennen und nicht implizit davon ausgehen, dass mit der anderen Person etwas nicht in Ordnung ist.

Grundlagen der gewaltfreien Kommunikation

Die gewaltfreie Kommunikation basiert darauf, andere nicht zu kritisieren, sie nicht zu beurteilen oder abzuwerten, sondern eine Form von Sprache zu finden, die von Herz zu Herz geht. Bei dieser besonderen Sprache teilen wir mit, was in uns vorgeht, welche Emotionen und Bedürfnisse uns treiben. Mit der Anwendung der gewaltfreien Kommunikation suchen wir nach Wegen, die jeweiligen individuellen Bedürfnisse in Einklang mit den Bedürfnissen anderer zu bringen. Die Grundvoraussetzung dafür ist, dass wir die Gefühle aller Beteiligten kennen und in unserer weiteren Vorgehensweise berücksichtigen.

Das folgende Schema ist eine Hilfe, sich klar und gewaltfrei auszudrücken.

Die vier Elemente nach M. Rosenberg

Ich … **Nicht-verletzende Mitteilungen**	**Du …** **Form des aktiven Zuhörens (dokumentiert Einfühlung)**
1. Beobachtungen rückmelden – »Was ich wahrgenommen habe …«	
»Wenn ich sehe (höre), dass du …« Sagen, was ich wahrnehme, ohne zu interpretieren oder zu bewerten	»Wenn du siehst (hörst), dass …« Ausdrücken meiner Vermutung, worauf der andere reagiert
2. Eigene Gefühle ausdrücken – »So sieht es in mir aus …«	
»… fühle ich mich …« Beschreiben, was ich fühle, ohne direkte Schuldzuweisung oder Ursachenvermutung	»… fühlst du dich …« Versuchen, nachzuempfinden, was mein Gegenüber in dieser Situation fühlen könnte
3. Bedürfnisse äußern – »Was ich brauche …«	
»… weil ich gebraucht (gewünscht, gehofft) habe …« Benennen meines Bedürfnisses, das durch die Handlung oder die Situation nicht befriedigt ist	»… weil du … brauchst (wünschst, hoffst)?« Äußern einer Vermutung über das im Konflikt nicht befriedigte Bedürfnis der/des anderen
4. Eine Bitte formulieren – »Das wünsche ich mir, weil …«	
»Deshalb wünsche ich mir (bitte ich dich, hätte ich gerne, möchte ich) …« Aussprechen einer realisierbaren Bitte in positiver Handlungssprache	»Hättest (möchtest) du gern …« Vorschlagen einer konkreten Handlung, die das Bedürfnis des Gegenübers erfüllen könnte

Mit diesem sehr einfachen Prinzip – nämlich in einem Konflikt zu benennen, was wir beobachten, was wir fühlen, welches Bedürfnis dahinter steckt und was wir uns von der anderen Konfliktpartei erbitten – reduzieren wir das Konfliktpotenzial.

Element 1: Beobachtungen rückmelden

In diesem Schritt drücken wir unsere Wahrnehmung und Beobachtung aus. Dabei gilt es jede Form der Bewertung und Interpretation zu vermeiden. Unsere Beobachtung benennen wir so konkret wie möglich. Geben Sie Ihrem Partner die notwendige Orientierung durch eine Beschreibung von Handlung, Handlungszusammenhang und Zeit.

Element 2: Eigene Gefühle beschreiben

In diesem Schritt drücken wir bewusst die Wahrnehmung unserer Emotionen aus. Vermeiden Sie direkte oder indirekte Schuldzuweisungen an andere, die in Gefühlsäußerungen stecken. Ebenso haben hier weder Vermutungen von Ursachen noch das Diagnostizieren der Situation Platz. Es geht also um das blanke Gefühl, das Sie aktuell in dieser Situation haben. Zu vermeiden sind Äußerungen wie »ausgenutzt«, »betrogen«, »bloßgestellt«, »überflüssig« etc. Wünschenswert ist die Beschreibungen von Gefühlen mit z. B. folgenden Worten: »traurig«, »enttäuscht«, »niedergeschlagen« oder auch positiv: »erfreut«, »zufrieden«, »gerührt« etc.

> Was andere tun oder sagen, kann ein Auslöser für unsere Gefühle sein, nie aber deren Ursache.

Element 3: Eigene Bedürfnisse verdeutlichen

Formulieren Sie, was Sie brauchen. Machen Sie sich klar, was Ihnen fehlt. Berücksichtigen Sie dabei aber, dass Ihre Bedürfnisbefriedigung nicht auf Kosten anderer geschehen darf. Damit Ihre Konfliktpartner einfühlsam reagieren können, verbinden Sie Ihre Gefühle und Bedürfnisse in Ihren Aussagen.

Beispiele:

- *»Ich bin wirklich enttäuscht, wenn wir Anfragen nicht innerhalb von 24 Stunden bearbeiten, da es mir wichtig ist, dass wir schnell und kompetent reagieren.«*
- *»Ich bin sehr irritiert, wenn wir unsere Rechnungen nicht innerhalb der Skontofrist bezahlen, da wir als ordentliche Kaufleute auftreten wollen.«*

Element 4: Bitten formulieren

Forderungen fördern Widerspruch – oder Unterwerfung

Beim Formulieren von »Bitten« ist es wichtig, eine wirkliche »Bitte« auszusprechen. Eine Forderung hingegen löst entweder Widerspruch aus (Ihr Konfliktpartner ist in einer starken Position) oder Unterwerfung (vermeintlich oder tatsächlich schwächere Position Ihres Gegenübers). Beide Reaktionen sollten nicht Ihr Ziel sein.

Eine »Bitte« sollte immer mit Ihrem Gefühl oder Bedürfnis verbunden sein. Formulieren Sie, was Sie tatsächlich wollen. Nennen Sie einen konkreten Handlungsrahmen, also Tätigkeiten, die Ihr Konfliktpartner wirklich ausführen und umsetzen kann.

Also nicht:
»Ich bitte Dich, das nicht mehr zu tun« oder
»Ich wünsche mir mehr Anerkennung« usw.

sondern:
»Ich bitte dich, wenn ich müde und abgespannt nach Hause komme, mir erst eine halbe Stunde Pause zu gönnen, bevor weitere Aktivitäten anstehen.«

»Können Sie mir bitte erst eine Rückmeldung zu den erreichten Ergebnissen geben, damit ich sicherer werde und eine Orientierung habe.«

Sollten Sie auf Ihre Bitte trotzdem ein »Nein« erhalten, ärgern Sie sich nicht. Es können sachliche Gründe vorliegen wie z. B. Zeitdruck oder der falsche Zeitpunkt. Häufig steht Ihre Bitte auch den Bedürfnissen anderer entgegen. Es besteht auch die Möglichkeit, dass Ihr Gesprächspartner Ihre Bitte als Forderung gehört hat und sich deshalb dagegen wehrt.

Sollten sich andere mit einem Wunsch oder einer Bitte an Sie wenden und Sie wollen oder können diese nicht erfüllen, sagen Sie »Nein«. Sagen Sie es deutlich und aufrichtig, aber empathisch – begründen Sie also Ihr »Nein« mit Ihren eigenen Bedürfnissen oder den sachlichen Gründen. Häufig bietet es sich an, den Partner noch zu fragen: »Wie geht es Ihnen mit dieser Entscheidung?«, um auch so Verständnis, Interesse und Dialogbereitschaft zu signalisieren.

In der Praxis werden Sie merken, wie schwer es fallen kann, die eigenen Gefühle und Wünsche exakt und eindeutig zu benennen. Hier hilft nur Übung, Übung, Übung …

Damit Sie Ihren aktiven Wortschatz ergänzen können, finden Sie auf den folgenden Seiten zwei Listen als Hilfestellung.

Einige der Gefühle, die auftreten können, wenn Wünsche und Bedürfnisse unerfüllt sind:

abgehängt, abgeneigt, abgeschreckt, alarmiert, angegriffen, angespannt, angestrengt, angewidert, ängstlich, ärgerlich, aufgebracht, aufgeregt, aufgestaut, aufgewühlt, ausgelaugt, bange, bedroht, bedrückt, beklommen, bekümmert, belastet, berührt, beschämt, besorgt, bestürzt, betroffen, beunruhigt, böse, deprimiert, desinteressiert, distanziert, durcheinander, echauffiert, eifersüchtig, einsam, elend, entmutigt, entrüstet, entsetzt, enttäuscht, ernüchtert, erregt, erschlagen, erschöpft, erschreckt, feindselig, frustriert, furchtsam, gebrochen, gedemütigt, gehänselt, gehemmt, gehörnt, gelangweilt, genervt, geplagt, gequält, gereizt, geschlagen, gleichgültig, halbherzig, heftig, hektisch, herausgefordert, hilflos, hintergangen, hoffnungslos, hungrig, kalt gestellt, kläglich, konfus, launisch, lethargisch, lustlos, machtlos, matschig, matt, misstrauisch, müde, mutlos, neugierig, nachdenklich, neidisch, nervös, nicht geachtet, niedergedrückt, nutzlos, panisch, perplex, pessimistisch, planlos, provoziert, reglementiert, reizbar, ruhelos, schaurig, scheu, schlaff, schläfrig, schlecht, schockiert, schüchtern, schuldig, schulgemeistert, schwer, schwermütig, skeptisch, sorgenvoll, tragisch, über den Tisch gezogen, überdrüssig, übereifrig, überfallen, überfordert, übergangen, überlastet, überrascht, überredet, überrollt, überwältigt, unbarmherzig, unbefriedigt, unbehaglich, unberührt, unbeständig, unbeteiligt, unentschlossen, unerreicht, unerwünscht, ungeachtet, ungeduldig, ungehalten, unglücklich, unnahbar, unsicher, unterdrückt, unterworfen, unwillig, unwohl, verachtet, verärgert, verbittert, verblüfft, verdrossen, verdutzt, verklemmt, verkrampft, verlassen, verletzt, verloren, vernachlässigt, verschnupft, verstimmt, verwirrt, verwundet, verzweifelt, verzweifelt, voller Angst, vorsichtig, wankelmütig, wehrlos, wertlos, widerstrebend, widerwillig, wirr, wütend, zaudernd, zermürbt, zerschunden, zittrig, zögernd, zornig, zurückgelassen.

Gefühle, die auftreten können, wenn Wünsche und Bedürfnisse erfüllt werden:

achtsam, anerkannt, angefreundet, angenehm, angenommen, angeregt, angesehen, angesprochen, aufgedreht, aufgehoben, aufgekratzt, aufgeräumt, aufgeregt, aufgeschlossen, aufmerksam, auserkoren, ausgeglichen, barmherzig, beflügelt, befreit, begehrt, begeistert, beglückt, begünstigt, belebt, beliebt, berauscht, beruhigt, beschwingt, beseelt, bewegt, dankbar, demütig, dynamisch, eifrig, ekstatisch, energetisch, enthusiastisch, entschlossen, entspannt, entzückt, erfolgreich, erfreut, erfrischt, erfüllt, ergriffen, erheitert, erleichtert, ermutigt, erregt, fasziniert, fidel, freudvoll, freundlich, friedlich, froh, frohgemut, fröhlich, gastfreundlich, geachtet, gebannt, geborgen, gedeihlich, geehrt, gefasst, gefesselt, gefragt, gelassen, geliebt, gemocht, gerührt, gesammelt, gesättigt, geschützt, gespannt, gewürdigt, glücklich, glückselig, glückstrahlend, gnadenvoll, großzügig, gut gelaunt, gut, gütig, heiter, hoch erfreut, hoch geschätzt, hoch gestimmt, hoffnungsvoll, informiert, inspiriert, interessiert, jubilierend, klar, kraftvoll, kreativ, kühn, lebendig, lebensfroh, leicht, leichtblütig, lieb, liebevoll, locker, lustig, mächtig, mitfühlend, motiviert, munter, mustergültig, mutig, neugierig, nützlich, offen, optimistisch, relaxed, respektvoll, rücksichtsvoll, ruhig, sanft, satt, schöpferisch, schwungvoll, selbstsicher, selbstzufrieden, selig, sicher, siegessicher, sorgenlos, spritzig, still, stolz, strahlend, strahlend, überglücklich, überrascht, überwältigt, unabhängig, unbekümmert, unbeschwert, ungetrübt, vergnügt, verliebt, vernünftig, verstanden, verständlich, vorteilhaft, wach, warmherzig, wertgeschätzt, wertvoll, wichtig, wohl gelaunt, wohl, wohlgelitten, wohlgemut, wohlwollend, wonnetrunken, wunschlos, zärtlich, zufrieden, zugehörig, zuverlässig, zuversichtlich.

5.4. Nach dem Konfliktgespräch

Wichtig ist jetzt die Nachbereitung: Erstellen Sie sich einen Plan, um zukünftige Durchführungskontrollen zu ermöglichen, besonders wenn sich für Sie unvorhersehbare Faktoren ergeben können. Notieren Sie sich kritische Punkte, wo Sie gegebenenfalls noch einmal in eine erneute Diskussion gehen wollen.

Reflektieren Sie auch Ihr persönliches Konfliktverhalten: Ist es Ihnen gelungen, Ihre Strategie und das angestrebte Verhalten umzusetzen und durchzuhalten? Sind Sie Ihrem eigenen Anspruch an Ihre Konfliktlösungskompetenz gerecht geworden?

Ein konstruktives Verhandlungsergebnis festhalten

Gut, wenn ein Verhandlungsergebnis erreicht wurde. Jetzt ist es wichtig, die Übereinkunft zu dokumentieren.

1. Dokumentieren Sie Ihre Übereinkunft

Sogar private Vereinbarungen zwischen Eltern und Kindern sind effizienter, wenn sie schriftlich festgehalten werden. Ein geschriebenes Statement ist ein Zeichen, dass Sie es ernst meinen, und dient der Gedächtnisauffrischung.

2. Notieren Sie die Fortschritte der Diskussionen (in Richtung der Einigung)

Bei der Überlegung, wie Sie Ihre Übereinkunft formulieren sollen, werden die Intentionen beider Partner geklärt. Die Teilnehmer sehen auch, welche Punkte, Sichtweisen und Bedingungen zum Zweck einer Klärung noch auf der Tagesordnung stehen.

3. Entscheiden Sie, wie die Ergebnisse überprüft werden sollen

Was soll gemessen werden? Wie? Von wem? Wie lange? Wodurch wird ein positives Ergebnis definiert? Vereinbaren Sie Fristen für die Erledigung spezifischer Aufgaben.

4. Diskutieren Sie, was passiert, wenn…

Ein großes »wenn«, das Beachtung verdient, ist die Möglichkeit nicht erbrachter Leistungen. Ob es sich um einen rechtlich verbindlichen Vertrag oder um eine auf die Kühlschranktür geklebte Notiz handelt, die häusliche Aufgaben verteilt: Auch die Konsequenzen bei Nichteinhalten der Vereinbarungen sollten im Vorhinein festgelegt werden.

5. Helfen Sie der anderen Person, die Vereinbarung »daheim« zu »verkaufen«

Stellen Sie fest, ob Ihr Kontrahent anderweitige Zustimmung oder Unterschriften benötigt. Ist das der Fall, stärken Sie ihm den Rücken, indem Sie seine Argumentation unterstützen.

6. Setzen Sie eine realistische Frist

Ist eine zeitgerechte Umsetzung für Sie wichtig? Wenn ja, geben Sie an, weshalb.

Leiten Sie aus dem Erlebten die nötigen Konsequenzen ab und setzen Sie diese um. Denn wie es Sepp Herberger einmal gesagt hat: Nach dem Spiel ist vor dem Spiel.

Kapitel 6

Mediation

- Kommen Sie trotz aller Bemühungen zu keiner Konfliktlösung, brauchen Sie Hilfe von außen.
- Ein unparteiischer Dritter – der Mediator – kann Sie dabei unterstützen, doch noch zu einer gemeinsamen Problemlösung zu kommen, falls gewisse Rahmenbedingungen zutreffen.
- Ein solches Mediationsverfahren folgt bestimmten Regeln und verlangt von allen Beteiligten u. a. Selbstverantwortung und Ergebnisoffenheit.

Wenn es allein nicht mehr weitergeht: Ein unparteiischer Dritter kann einen »festgefahrenen« Konfliktverlauf wieder in Bewegung setzen. Er zeigt neue, von den Betroffenen selbst nicht gesehene Möglichkeiten der Konfliktaustragung und -bewältigung auf.

Mediation ist ein Verfahren, das streitende Personen durch die Vermittlung eines neutralen Dritten – des Mediators – darin unterstützt, eigene Problemlösungen zu entwickeln, die von allen Beteiligten akzeptiert werden.

Voraussetzung ist allerdings, dass die Beteiligten ein eigenes Interesse an einer Konfliktlösung haben und freiwillig an der Mediation teilnehmen. Die Mediation umfasst die Konfliktbearbeitung auf der rationalen, emotionalen und gesellschaftlichen Ebene.

Mediation – eine gute Möglichkeit, Konflikte friedlich zu lösen

Die Chancen dieser Strategie bestehen vor allem darin:

- Die Konfliktparteien werden motiviert, eine ihren Interessen optimal entsprechende Problemlösung zu finden, bei der alle gewinnen. Die Einbeziehung aller Konfliktparteien ist möglich.
- Der Konfliktverlauf kann gesteuert und kontrolliert werden. Unnötige weitere Eskalationen werden vermieden.
- Bei Vorliegen eines »Machtgefälles« kann ein Machtausgleich bewirkt werden. Einseitiger autoritärer Druck und einseitige Interessendurchsetzung werden nicht zugelassen.

- Missverständnisse und Kommunikationsbarrieren werden bewusst gemacht. Das Eingreifen Dritter kann in Kombination mit der Strategie der Konfrontation die Wirksamkeit verstärken.
- Der Kontakt der Parteien zueinander kann wiederhergestellt werden. Sie reden wieder miteinander.

Mediation hat auch in unserer Kultur eine lange Tradition. So wurde zum Beispiel der Dreißigjährige Krieg erst durch die Vermittlung eines Mediators – Alvese Contarini – beendet (Schluss des Westfälischen Friedens 1648).

Mediation ist eine lang bewährte Konfliktlösungsmethode mit guten Erfolgschancen.

Weltweit bekannt und erprobt

Mediation nimmt einen ganz besonderen Platz in der Konfliktlösung ein. Auch international ist sie die bekannteste und verbreitetste Form von außergerichtlichen Konfliktregelungen. Darüber hinaus ist die Mediation die wissenschaftlich am besten fundierte Methode der Konfliktlösung. Das Besondere an der Mediation: In ihr werden zwei unterschiedliche Ansätze verbunden.

1. Der Konflikt wird von den beteiligten Parteien selbstverantwortlich gelöst. Es gibt im Mediationsverfahren keine höhere Hierarchie oder Institution, die eine Lösung für die Beteiligten erarbeitet oder sich in die Lösung/Vereinbarung »einmischt«. Im Fokus steht nicht die Vergangenheit, sondern die von den Parteien akzeptierte Zukunft. Ziel ist, dass sich die Beteiligten mit dem Ergebnis identifizieren und die gefundene Lösung stützen.

2. Der zweite wichtige Ansatz ist das geordnete Verfahren. Der Mediator/die Mediatorin schafft den Rahmen und sorgt für die Konfliktregelung nach bestimmten Regeln. Das Verfahren der Mediation ist eindeutig definiert. Der Mediator leitet den Prozess und unterstützt nach klaren Regeln und Methoden die Kontrahenten bei der Lösungssuche.

Je nach Komplexität des bestehenden Konfliktes (sind z. B. mehr als zwei Konfliktparteien beteiligt) kann es sinnvoll sein, mehrere Mediatoren einzusetzen. Persönlich habe ich die Erfahrung gemacht, dass es hilfreich ist, bei Paarkonflikten (gemischtgeschlechtlich) auch ein gemischtgeschlechtliches Mediatorenteam einzusetzen.

Aufgaben des Mediators

Die wesentlichen Aufgaben eines Mediators sind Gesprächsmoderation und Klärungshilfe. Moderation bedeutet hier im Besonderen das Starten des Gesprächs. Die Konfliktparteien sollen in Kontakt kommen und das Gespräch muss sich entfalten können. Das Gespräch muss eine klare Richtung und Zielsetzung verfolgen. Hier ist eine Steuerung durch geeignete (teilweise sehr deutliche und bestimmte) Intervention erforderlich. Aktive Klärungshilfe leistet der Mediator durch zielführende Fragen und andere Interventionen. Diese sollen zur vertieften Selbstklärung der »Kontrahenten« beitragen.

6.1 Durchführungsprinzipien

Für die Durchführung einer Mediation gelten sechs Prinzipien:

1. Selbstverantwortung
2. Freiwilligkeit
3. Ergebnisoffenheit
4. Neutralität
5. Informiertheit der Beteiligten
6. Vertraulichkeit

1. Selbstverantwortung

Die Konfliktbeteiligten sind die Experten ihres Konflikts. Nur sie wissen genau, wie es zu dem Konflikt kam, und nur sie können entscheiden, wie er zu lösen ist.

2. Freiwilligkeit

Eine Mediation ist zum Scheitern verurteilt, wenn die Beteiligten zu diesem Verfahren – und sei es auch nur durch sanften Druck – gezwungen werden. Die Voraussetzung ist, dass die Parteien in ihrer Selbstbestimmung nicht eingeschränkt sind. Das heißt auch, die beteiligten Parteien können jederzeit, selbst ohne Angabe von Gründen, das Verfahren beenden.

3. Ergebnisoffenheit

Es muss offen bleiben, mit welchem Ergebnis sich die Beteiligten trennen, und keine Partei darf von vornherein nur eine Lösungsalternative akzeptieren. Nur wenn die Beteiligten kooperativ miteinander verhandeln und bereit sind, den anderen besser zu verstehen und zu akzeptieren, hat die Mediation die Chance auf eine positive Durchführung.

4. Neutralität/Allparteilichkeit des Mediators

Anders als bei Schiedsgerichten oder Richtern im Rechtssystem hat der Mediator keinerlei Autorität im Sinne von Entscheidungskraft. Er hat lediglich Autorität und Kompetenz, was den Prozess betrifft. Deshalb muss er persönlich auch von den handelnden Personen akzeptiert und anerkannt sein. Nur dann ist das nötige Grundvertrauen als wesentliche Voraussetzung für das Gelingen des Verfahrens gewährleistet.

5. Informiertheit der Beteiligten

Die Konfliktbeteiligten müssen über die Rechtsgrundlagen sowie die entscheidungsrelevanten Rahmenbedingungen gut informiert sein. Nur das ist die Basis, um eine Entscheidung zu treffen, die auch zukunftsfähig ist.

6. Vertraulichkeit

Alle Beteiligten – also die Kontrahenten und der Mediator – sind zur Vertraulichkeit verpflichtet. Das gilt nicht nur für »öffentlichen Klatsch und Tratsch«, sondern insbesondere auch für eventuell doch später folgende Gerichtsprozesse.

6.2 Ablauf eines Mediationsverfahrens

Die Durchführung eines Mediationsverfahrens wird im Allgemeinen durch eine Konfliktpartei initiiert. Idealerweise folgen alle Konfliktbeteiligten diesem Wunsch.

1. Vorbereitungsphase

Als erstes erklärt der Mediator seine Rolle, verdeutlicht das Vorgehen in der Mediation und klärt die Erwartungen der Beteiligten. Die typische Fragestellung: Was ist meine Wunschvorstellung in dieser Mediation? Der Mediator prüft den dargestellten Fall auf seine Eignung für ein klassisches Mediationsverfahren.

2. Durchführungsphase

Im zweiten Schritt werden die Konfliktpunkte benannt sowie die Themen eingegrenzt, und es wird herausgearbeitet, wo Divergenzen oder Übereinstimmung vorhanden sind. Es wird ein Plan der zu behandelnden Themen nach Wichtigkeit und Dringlichkeit abgesprochen.

In der Durchführungsphase geht es insbesondere auch darum, die Bedürfnisse und Interessen der streitenden Parteien kennen zu lernen und wirklich zu verstehen. Allein dieser Schritt hilft den Kontrahenten häufig, den bestehenden Konflikt aus einer anderen Sicht zu betrachten, und eröffnet so die Möglichkeit, kreative Ideen für mögliche Lösungen zu entwickeln.

3. Entscheidungs- und Umsetzungsphase

Die gemeinsam erarbeitete Lösung wird noch einmal nach allen relevanten Faktoren überprüft (hier ist eventuell das Hinzuziehen von Fachleuten, Rechtsanwälten etc. erforderlich). Es wird eine Umsetzungsvereinbarung geschlossen und letztlich werden nur noch Überprüfungspunkte vereinbart.

6.3 Vorteile des Mediationsverfahrens

Was spricht für eine Mediation – insbesondere auch im Unternehmensumfeld?

Geringer zeitlicher Rahmen

Eine Mediation kann einen offenen Konflikt sehr zügig und schnell erledigen. Im Gegensatz zu Gerichten (zwischen Klageerhebung und mündlicher Güteverhandlung können sechs Monate vergehen) kommen wir hier häufig zu schnelleren positiven Ergebnissen. Zusätzlich gilt bei der Mediation Vertraulichkeit. Dies ist in öffentlichen Gerichtsverhandlungen nicht gegeben – mit der Gefahr, dass dadurch Nachteile für alle Beteiligten entstehen.

Breiterer Umfang

In eine Mediation können neben den unmittelbar Beteiligten auch nicht-unmittelbar Beteiligte einbezogen werden. In einer Gerichtsverhandlung (Güteverhandlung) agieren immer nur die direkt Beteiligten. Der Konflikt muss isoliert betrachtet werden und stellt somit häufig das Ende einer Eskalation dar.

Konfliktadäquanz der Lösung

Die Mediation bietet zahlreiche Vorteile gerade im Vergleich mit anderen Konfliktlösungsverfahren wie z. B. der gerichtlichen Auseinandersetzung.

In einer Mediation können praxisnahe und ungewöhnliche Lösungen gefunden werden. Im Gegensatz dazu: Ein Gerichtsverfahren orientiert sich ausschließlich an Ansprüchen, die Kläger oder Klägerin erheben, sowie an Beweisregeln. Die Entscheidung erfolgt über einen klar definierten Rechtsrahmen. In einer Gerichtsverhandlung stützen sich alle Beteiligten auf Rechtsnormen. Häufig wird dabei der eigentliche Anlass nicht einmal offen gelegt und Gefühle und Interessen der Beteiligten bleiben unbearbeitet.

Geringerer Formalismus

Die Konfliktparteien haben die Möglichkeit, sehr schnell und informell den Konflikt anzugehen und alle offenen Punkte zu klären. Im Gerichtsverfahren herrscht der übliche formaljuristische Zwang, der häufig auch noch einem erheblichen Zeitdruck unterliegt.

Letztlich die Kostenfrage

Mediationsverfahren sind im Vergleich zu einem Gerichtsverfahren im Allgemeinen grundsätzlich kostengünstiger.

Für alle Beteiligten gilt, dass sie bei der Zuhilfenahme eines Mediators ein professionelles Konfliktmanagement erleben. Sie bewegen sich auf neutralem Gebiet und die Mediation findet in angenehmer, entspannter Atmosphäre statt.

Im Gerichtssaal dagegen treffen wir auf Richter und Richterinnen, die häufig wenig in Verhandlungsführung, gewaltfreier Kommunikation oder auch im Einsatz mediativer Methoden ausgebildet wurden.

Den geeigneten Mediator finden

Sollten Sie durch die vorangegangenen Zeilen motiviert sein, einen bestehenden Konflikt durch ein Mediationsverfahren zu lösen, suchen Sie sich einen professionellen Mediator. Die Führung eines solchen Verfahrens gehört in die Hände von Profis, die in der Lage sind, alle Schritte sauber durchzuführen.

Prüfen Sie bei der Auswahl eines geeigneten Mediators, ob diese Person über das entsprechende Handwerkszeug verfügt und in der Lage ist, die Rolle des Mediators mit Inhalt zu füllen.

Stellen Sie sich dazu folgende Fragen:

- Kann die Person wirklich allparteilich sein, d. h. hat sie keinerlei eigenes Interesse an einer bestimmten Konfliktlösung?
- Kann sich die Person neutral für die Interessen aller Konfliktbeteiligten einsetzen? Das heißt nicht, dass der Mediator/die Mediatorin nicht mit einer Konfliktpartei bekannt oder verbunden sein darf. Aber er oder sie muss in der Lage sein, wirklich neutral und unparteiisch zu agieren.
- Kann die Person von allen Beteiligten respektiert und akzeptiert werden? Ist die Person in ihrer Kompetenz unbestritten?
- Ist der Mediator in der Lage, Machtungleichgewichte auszugleichen (Hierarchie, rhetorische Kompetenz etc.)?

Wenn Sie bei der Auswahl eines Mediators/einer Mediatorin unsicher sind, holen Sie sich Referenzen ein oder wenden Sie sich an den Bundesverband für Mediation:

Bundesverband Mediation
in Wirtschaft und Arbeitswelt e.V. (BMWA)
c/o Jupp Schluttenhofer
Welserstraße 9
86368 Gersthofen
Telefon: 08 21 58 86 43 66
Telefax: 08 21 58 91 29 8
E-Mail: info@bmwa.de
www. bmwa.de

Aber auch mit einem noch so professionellen Mediator hat die Mediation ihre Grenzen.

Mediation ist dann nur sinnvoll, wenn die Konfliktparteien wirklich an einer Problemlösung interessiert sind und auch hohes Interesse an der Fortsetzung ihrer Beziehung haben.

Fehlen diese Voraussetzungen, wird vermutlich eine höhere Instanz oder ein Schiedsrichter gesucht. Das ist insbesondere dann der Fall, wenn Mediation nur als Ersatz für ein ordnungsgemäßes juristisches Handeln dienen soll.

Davon abgesehen sind gravierende Unterschiede in der Wertorientierung eine schlechte Voraussetzung für eine erfolgreiche Mediation.

Und letztlich ist bei extrem emotional belasteten Konfliktpartnern häufig eher eine Therapie oder ein intensives Coaching von Nöten als eine Konfliktlösung über eine Mediation.

Register

Nachwort

Verehrte Leserin, verehrter Leser,

wir hoffen, dass dieses Buch Ihnen hilft, Konflikte – egal in welchem Umfeld, welcher Art und welchen Typs – noch besser als bisher zu lösen bzw. sogar zu vermeiden. Konfliktarme Kommunikation und konstruktives Konfliktmanagement sind nicht immer als Allheilmittel für alle Schwierigkeiten anzusehen. Gutes Konfliktmanagement ist eher als Prozess der Konflikttransformation zu verstehen denn als eine Problemlösungsmethodik. Gutes Konfliktmanagement beinhaltet nicht den Gedanken, grundsätzlich eine verloren gegangene Harmonie wiederherzustellen oder eine schnelle Lösung zu unterbreiten. Gutes Konfliktmanagement bedeutet, einen konstruktiven Prozess, der menschliches Zusammenleben erleichtert, in Gang zu bringen.

Wir wünschen Ihnen viel Freude und viele Erfolgserlebnisse bei der Anwendung des in diesem Buch Beschriebenen.

Wofgang Rosenkranz Dr. Markus Merk

Literaturverzeichnis

Altmann, G./Fiebiger, H./Müller, R.: Mediation: Konfliktmanagement für moderne Unternehmen, Weinheim, 1999

Berkel, K.: Konflikttraining: Konflikte verstehen, analysieren, bewältigen, Heidelberg, 1999

Faller, K.: Konflikte selber lösen – Mediation für Schule und Jugendarbeit, Mülheim an der Ruhr, 1996

Glasl, F.: Konfliktmanagement: Ein Handbuch für Führungskräfte, Beraterinnen und Berater, Bern, 1999

Höher, P./Höher, F.: Konfliktmanagement, Konflikte kompetent erkennen und lösen, Freiburg, 2000

Mohl, A.: Der Zauberlehrling, Das NLP-Lern- und Übungsbuch, Paderborn, 1993

Panse, W./Stegmann, W.: Kostenfaktor Angst, Landsberg/Lech, 1998

Pawlowski, K./Riebensahm, H.: Konstruktiv Gespräche führen, Reinbek, 2000

Peschanel, F.D.: Phänomen Konflikt, Paderborn, 2001

Rosenberg, M.: Gewaltfreie Kommunikation, Neue Wege in der Mediation und im Umgang mit Konflikten, Paderborn, 2001

Satir, V.: Mein Weg zu dir, Kontakt finden und Vertrauen gewinnen, München, 2001

Schulz von Thun, Friedemann: Miteinander Reden, Band 1-3, Reinbek 1994–1998

Schwarz, G.: Konfliktmanagement, Wiesbaden, 1995

Thielke, Wolfgang: Umgang mit Konflikten in Beruf und Familie, Göttingen, 1998

Thomann, Ch.: Klärungshilfe: Konflikte im Beruf, Methoden und Modelle klärender Gespräche bei gestörter Zusammenarbeit, Hamburg, 2002

Ury, W./Brett, J.M., Goldberg, S.B.: Konfliktmanagement, München, 1996

Watzlawick, P./Beavin D. Jackson: Menschliche Kommunikation, Formen, Störungen, Paradoxien, Bern, 1969

Kloster Hornbach – für Leib und Seele

Während der Arbeit an diesem Buch verbrachten wir mit Dr. Markus Merk zwei Tage im Kloster Hornbach. Für die anregende Atmosphäre und die professionelle Betreuung bedanken wir uns bei der Familie Lösch und allen Mitarbeitern des Klosters Hornbach. Das Haupthaus beherbergt die Zimmer und die Seminarräume. Links, die »Remise«, bietet vier ebenfalls hochwertig ausgestattete Einzel- und Doppelzimmer.

Das Konzept

Ora et labora in convice, beten und arbeiten in der Gemeinschaft, so lautete damals die Maxime des Benediktinerordens. Wir möchten diese Regel in die heutige Zeit übersetzen: konzentriert arbeiten, gesellig sein, gut essen und trinken, viel Kultur und eine schöne Natur drumherum. Und – die positive Ausstrahlung der ursprünglichen Kraft des Klosters ist immer noch spürbar.

Christiane und Edelbert Lösch

Als die Familie Lösch vor einigen Jahren die Reste der ehemals imposanten Benediktiner-Klosteranlage das erste Mal sah, spürten sie die Kraft, die noch immer von diesem Ort ausgeht; sie wussten: hier wird wieder ein ganz besonderes »Haus« entstehen. Nach Jahren intensiver Arbeit haben sie Kloster Hornbach zu einer der Spitzenadressen der deutschen Gastronomie gemacht.
Wer hierher kommt, wird eine intensive und beglückende Zeit erleben – sei es als Seminarteilnehmer bei der Arbeit oder als »Privatier«, der das Leben auf besondere Weise genießen möchte.

Die Zimmer

Das besondere Flair des Hauses zeigt sich auch in den kleinen Details – alle Zimmer sind bestimmten Themen gewidmet. Wählen Sie zwischen den *Shakerzimmern*, den Zimmern im *asiatischen Stil*, den *Ethno-Zimmern* und denen im *mediterranen Stil*.
Allen Zimmern gemeinsam ist die exzellente Ausstattung: Stereo-TV, HiFi-Anlage mit Auswahl an CDs, zwei Telefone in jedem Zimmer, Fax- und PC-Anschlüsse, Faxanmietung, Zimmersafe, Zimmerbar, Wasserkocher für Kaffee- oder Teezubereitung, zusätzliches Dinkelkissen, Bücher.

Die Seminarräume

Die großzügigen Räume sind eingerichtet nach den neuesten Erkenntnissen und dem aktuellen Stand der Technik. Sie finden hier alles, was Sie für Ihre Seminare, Workshops oder für hochkarätige Meetings benötigen. Die »klösterliche Atmosphäre« befördert die Konzentration und hilft Ihnen, den Alltag hinter sich zu lassen…

Es stehen insgesamt fünf Räume zur Verfügung, die teilweise durch mobile Wände in der Größe angepasst werden können – ganz auf Ihren Bedarf zugeschnitten.
Sie werden eigens von den Mitarbeitern des Tagungsbüros professionell betreut.

Die Adresse

Kloster Hornbach • Im Klosterbezirk • 66500 Hornbach
Telefon: 06338 91010-0 • Telefax: 06338 91010-99
www.kloster-hornbach.de • E-Mail: hotel@kloster-hornbach.de

Impressum • Bildnachweis

ISBN: 3-938234-55-5

Redaktion: büro für business bücher Sandra Klaucke, Bad Homburg
Gestaltung und Produktion: BUCHMACHEREI Ralf Rüffle, Stuttgart
Projektmanagement: Simon Dürr, Stuttgart
Druck: Friedrich VDV, Linz

Bildnachweis:
Cover – Seminarfotografie Olaf Nagel photodesign, Ostfildern
Sportfotografie Wilfried Witters Sport-Presse-Fotos GmbH, Hamburg
Inhalt – Alle »Seminarbilder« von Olaf Nagel photodesign, Ostfildern. Wilfried Witters Sport-Presse-Fotos GmbH, Hamburg (6/7, 16, 18/19, 27, 31, 32, 37, 48, 49, 52, 56/57, 78/79, 92/93, 117, 137 l, 137 r); Fotoagentur Kunz, Mutterstadt (5); Pressefoto Bernd Müller, Sulzbach-Rosenberg (191); Stuart Franklin/Getty Images (39); Andreas Rentz/Getty Images (136/137); Sportpressefoto M.i.S. (137 m); Rudi Neuland Unternehmensberatung (156/157 Kloster Hornbach)